AF453896

L'ESTOURDY

OU

LES CONTRETEMPS,

COMEDIE.

Representée sur le Theatre du Palais
Royal.

Par I.B.P. MOLIERE.

Suivant la Copie imprimée

A PARIS.

M. DC. LXIII.

A MESSIRE
MESSIRE
ARMAND JEAN
DE RIANTS,

Chevalier , Baron de Riverey , Seigneur de la
Galleſierre , Oudangeau , & autres Lieux ,
Conſeiller du Roy en tous ſes Conſeils , &
Procureur de ſa Majeſté au Chaſtelet , Pre-
voſté & Vicomté de Paris.

ONSIEVR,

Apres avoir long-temps cherché
quelque choſe qui fut digne de vous
eſtre offert, pour ne pas laiſſer eſcha-
per aucune occaſion de vous témoi-
gner mes reſpects, & qui pût en meſ-
me temps faire connoiſtre à tout le
monde que j'ay eſſayé de rendre à

A 2   voſtre

voſtre merite quelques marques par-
ticulieres de mon zele ; j'ay crû que
vous ne deſavoûriez pas l'Eſtourdy *ou* les Contre-temps, quand
vous ſçaurez que c'eſt un Eſtourdy
tout couvert de gloire, de s'eſtre fait
admirer par la plus galante Cour du
Monde, & qui a receu des avanta-
ges, que de plus prudens que luy ſe
tiendroient glorieux d'avoir pû me-
riter ; toutes ces choſes-là font voir
qu'il y a de la difference entre luy,
& ceux qui portent ſon nom; Neantmoins je crains qu'il ne perde aujourd'huy la haute reputation qu'il
s'eſt acquiſe, quand on ſçaura qu'il
vient à Contre-temps ſe preſenter
à vous, & vous divertir des grandes & ſerieuſes Occupations que vous
donne l'illuſtre Charge que vous poſ-
ſedez, & qui demande que vous
ayez

ayez ſoin de la plus celebre Ville de
la Terre : Vous le faites, MON-
SIEVR, avec tant d'aplaudiſſe-
ment, & vous vous aquitez de cette Charge avec tant de gloire, que
le Prince & les peuples en ſont éga-
lement ſatisfaits ; auſſi chacun ſçait-
il que vous marchez ſur les traces
de vos Illuſtres Ayeuls, dont la Memoire ne perira jamais. Oui, MON-
SIEVR, l'on ſe ſouviendra tousjours de ce Denis de Riants, dont vous
ſortez, qui s'aquita ſi dignement pour
luy, & pour tout le Monde, de la
Charge d'Avocat General, & de Pre-
ſident au Mortier, qu'il poſſedoit
dans le premier Parlement de France, & qui obligea cette Auguſte Compagnie de faire voir combien elle l'a-
voit tousjours eſtimé, lors qu'eſtant
priée par ſes Parens de ſe trouver aux

A 3

hon-

honneurs funebres que l'on luy devoit rendre ; elle répondit , par
l'organe de son premier President ,
Qu'elle estoit bien marie du
trépas d'un Personnage de si
grand sçavoir , & de si grande
vertu , & qu'elle luy rendroit
tout l'honneur qu'elle luy devoit. Apres cela, MONSIEVR,
l'on peut juger de la veneration que
l'on a en France pour vostre Nom ,
& si soûtenant , comme vous faites, l'éclat & la gloire de vos An-
cestres , je ne dois pas craindre de
passer pour temeraire , en voulant
faire vostre Panegirique. L'on sçait
assez que leurs grandes actions &
les vostres , me fourniroient trop
de matiere , s'il m'estoit permis de
l'entreprendre ; mais les voulant
laisser à d'autres plus capables de les
décri-

décrire, Ie seray satisfait, si je puis
vous persuader que je suis, plus que
personne du monde,

MONSIEVR,

Vostre tres-humble, & tres-
obeïssant serviteur,
BARBIN.

A 4

ACTEVRS.

L E L I E, fils de Pandolfe.
C E L I E, esclave de Trufaldin.
M A S C A R I L L E, valet de Lelie.
H Y P O L I T E, fille d'Anselme.
A N S E L M E, vieillard.
T R U F A L D I N, vieillard.
P A N D O L F E, vieillard.
L E A N D R E, fils de famille.
A N D R E S, crû Egyptien.
E R G A S T E, valet.
U N   C O U R I E R.
Deux Troupes de Masques.

La Scene est à Messine.

L'ESTOURDY

OU

LES CONTRETEMPS,

COMEDIE.

ACTE I.

SCENE I.

LELIE.

H E' bien ! Leandre, hé bien! il faudra contester ;
Nous verrons de nous deux qui pourra l'emporter ;
Qui dans nos soins communs pour ce jeune miracle,
Aux vœux de son Rival portera plus d'obstacle.
Preparez vos efforts, & vous defendez bien,
Seur que de mon costé je n'espargneray rien.

SCENE II.
LELIE, MASCARILLE.

LELIE.

AH ! Mascarille.

MASCARILLE.
Quoy ?

LELIE.
Voicy bien des affaires,
J'ay dans ma passion toutes choses contraires :
Leandre ayme Celie, &, par un trait fatal,
Malgré mon changement, est tousjours mon rival.

MASCARILLE.
Leandre ayme Celie !

LELIE.
Il l'adore, te dis-je.

MASCARILLE.
Tant pis.

LELIE.
Hé ! oüi, tant pis, c'est là ce qui m'afflige,
Toutesfois j'aurois tort de me defesperer,
Puisque j'ay ton secours, je puis me r'asseurer,
Je sçay que ton esprit en intrigues fertile,
N'a jamais rien trouvé qui luy fust difficile,
Qu'on te peut appeller le Roy des serviteurs,
Et qu'en toute la terre.....

MASCARILLE.
Hé, tréve de douceurs!
Quand nous faisons besoin nous autres miserables,
Nous sommes les cheris & les incomparables,
Et dans un autre temps, dés le moindre couroux,
Nous sommes les coquins qu'il faut roüer de coups.

LE-

L E L I E.
Ma foy, tu me fais tort avec cette invective ;
Mais enfin difcourons un peu de ma captive ,
Dy fi les plus cruels & plus durs fentimens
Ont rien d'impenetrable à des traits fi charmans:
Pour moy, dans fes difcours, comme dans fon vifage,
Je voy pour fa naiffance un noble témoignage ,
Et je croy que le Ciel dedans un rang fi bas ,
Cache fon Origine , & ne l'en tire pas.
M A S C A R I L L E.
Vous eftes romanefque avecque vos chimeres ;
Mais que fera Pandolfe en toutes ces affaires ,
C'eft Monfieur voftre pere, au moins à ce qu'il dit,
Vous fçavez que fa bile affez fouvent s'aigrit ,
Qu'il pefte contre vous d'une belle maniere,
Quand vos deportemens luy bleffent la vifiere ;
Il eft avec Anfelme en parole pour vous ,
Que de fon Hipolite on vous fera l'efpoux ,
S'imaginant que c'eft dans le feul mariage
Qu'il pourra rencontrer dequoy vous faire fage,
Et s'il vient à fçavoir que rebutant fon choix
D'un objet inconnu vous recevez les loix ,
Que de ce fol amour la fatale puiffance
Vous fouftrait au devoir de voftre obeïffance ,
Dieu fçait quelle tempefte alors éclatera ,
Et de quels beaux fermons on vous régalera.
L E L I E.
Ah ! trefve, je vous prie, à voftre Rhetorique.
M A S C A R I L L E.
Mais vous, tréve pluftoft à voftre Politique ,
Elle n'eft pas fort bonne, & vous devriez tafcher.....
L E L I E.
Sçais-tu qu'on n'acquiert rien de bon à me fafcher?
Que chez moy les advis ont de triftes falaires ?
Qu'un valet confeiller y fait mal fes affaires ?

MASCARILLE.

Il se met en courroux ! tout ce que j'en ay dit
N'estoit rien que pour rire, & vous sonder l'esprit ?
D'un censeur de plaisirs ay-je fort l'encolure ?
Et Mascarille est-il ennemy de nature ?
Vous sçavez le contraire, & qu'il est tres-certain,
Qu'on ne peut me taxer que d'estre trop humain.
Moquez-vous des sermons d'un vieux barbon de pe-
     re ;
Poussez vostre bidet, vous dis-je, & laissez faire ;
Ma foy j'en suis d'avis, que ces penards chagrins,
Nous viennent étourdir de leurs contes badins,
Et vertueux par force, esperent par envie,
Oster aux jeunes gens les plaisirs de la vie.
Vous sçavez mon talent, je m'offre à vous servir.

LELIE.

Ah! c'est par ces discours que tu peux me ravir.
Au reste, mon amour, quand je l'ay fait parestre,
N'a point esté mal veu des yeux qui l'ont fait naistre;
Mais Leandre à l'instant vient de me déclarer
Qu'à me ravir Celie il se va preparer.
C'est pourquoy dépeschons, & cherche dans ta teste
Les moyens les plus prompts d'en faire ma conqueste.
Treuve ruses, destours, fourbes, inventions,
Pour frustrer un rival de ses pretentions.

MASCARILLE.

Laissez-moy quelque temps réver à cette affaire.
Que pourrois-je inventer pour ce coup necessaire ?

LELIE.

Hé bien? le stratageme ?

MASCARILLE.

            Ah! comme vous courez !
Ma cervelle tousjours marche à pas mesurez.
J'ay treuvé vostre fait, il faut..... non, je m'abuse ;
Mais, si vous alliez......

LELIE.

     Où ?   MA-

MASCARILLE.

C'eſt une foible ruſe.
J'en ſongeois une.

LELIE.

Et quelle ?

MASCARILLE.

Elle n'iroit pas bien.
Mais ne pourriez-vous pas ?.....

LELIE.

Quoy ?

MASCARILLE.

Vous ne pourriez rien.
Parlez avec Anſelme.

LELIE.

Et que luy puis-je dire ?

MASCARILLE.

Il eſt vray, c'eſt tomber d'un mal dedans un pire.
Il faut pourtant l'avoir. Allez chez Trufaldin.

LELIE.

Que faire ?

MASCARILLE.

Je ne ſçay.

LELIE.

C'en eſt trop à la fin ;
Et tu me mets à bout par ces contes frivoles.

MASCARILLE.

Monſieur, ſi vous aviez en main force piſtoles,
Nous n'aurions pas beſoin maintenant de réver
A chercher les biays que nous devons trouver ;
Et pourrions, par un prompt achat de cette eſclave,
Empécher qu'un rival vous previenne & vous brave.
De ces Egyptiens qui la mirent icy,
Trufaldin qui la garde eſt en quelque ſoucy,
Et trouvant ſon argent qu'ils luy font trop attendre,
Je ſçay bien qu'il ſeroit tres-ravy de la vendre :
Car enfin en vray ladre il a touſjours veſcu,

Il se feroit fesser , pour moins d'un quart d'escu ;
Et l'argent est le Dieu que sur tout il revere :
Mais le mal c'est.....

LELIE.

Quoy? c'est ?

MASCARILLE.

Que Monsieur vostre pere
Est un autre vilain qui ne vous laisse pas,
Comme vous voudriez bien , manier ses ducats :
Qu'il n'est point de ressort qui pour vostre ressource ,
Peut faire maintenant ouvrir la moindre bourse ;
Mais taschons de parler à Celie un moment,
Pour sçavoir là dessus quel est son sentiment.
La fenestre est icy.

LELIE.

Mais Trufaldin pour elle,
Fait de nuict & de jour exacte sentinelle ;
Prends garde.

MASCARILLE.

Dans ce coin demeurons en repos,
O! bon-heur! la voila qui paroist à propos.

SCENE III.

LELIE, CELIE, MASCARILLE.

LELIE.

AH! que le Ciel m'oblige, en offrant à ma veuë
Les celestes attraits dont vous estes pourveuë !
Et, quelque mal cuisant que m'ont causé vos yeux ,
Que je prens de plaisir à les voir en ces lieux !

CELIE.

Mon cœur qu'avec raison vostre discours estonne ,
N'entend pas que mes yeux fassent mal à personne ;
Et, si dans quelque chose ils vous ont outragé,
Je puis vous asseurer que c'est sans mon congé.

L. 1-

LELIE.

Ah ! leurs coups sont trop beaux pour me faire une
    injure ,
Je mets toute ma gloire à cherir ma blessure ,
Et.....

MASCARILLE.

Vous le prenez la d'un ton un peu trop haut ;
Ce style maintenant n'est pas ce qu'il nous faut ;
Profitons mieux du temps, & sçachons viste d'elle
Ce que....

TRUFALDIN *dans la maison.*
Celie.

MASCARILLE.

Hé bien ?

LELIE.

O ! rencontre cruelle ,
Ce mal-heureux vieillard devoit-il nous troubler!

MASCARILLE.

Allez, retirez-vous; je sçauray luy parler.

SCENE IV.

TRUFALDIN, CELIE, MASCARILLE,
& LELIE retiré dans un coin.

TRUFALDIN.

QUe faites-vous dehors ? & quel soin vous talon-
    ne ,
Vous à qui je deffend de parler à personne?

CELIE.

Autrefois j'ay connu cét honneste garçon ;
Et vous n'avez pas lieu d'en prendre aucun soupçon.

MASCARILLE.

Est-ce là le Seigneur Trufaldin ?

CELIE.

Oui, luy-mesme.

M A-

MASCARILLE.

Monsieur, je suis tout vostre, & ma joye est extréme,
De pouvoir saluër en toute humilité,
Un homme dont le nom est par tout si vanté.

TRUFALDIN.

Tres-humble serviteur.

MASCARILLE.

　　　　　　　　J'incommode peut-estre ;
Mais je l'ay veuë ailleurs, où m'ayant fait con-
　　　noistre,
Les grans talens qu'elle a pour sçavoir l'avenir,
Je voulois sur un point un peu l'entretenir.

TRUFALDIN.

Quoy! te mélerois-tu d'un peu de diablerie ?

CELIE.

Non, tout ce que je sçay n'est que blanche magie.

MASCARILLE.

Voicy donc ce que c'est. Le Maistre que je sers,
Languit pour un objet qui le tient dans ses fers ;
Il auroit bien voulu du feu qui le devore
Pouvoir entretenir la beauté qu'il adore :
Mais un dragon veillant sur ce rare thresor
N'a pû, quoy qu'il ait fait, le luy permettre encor,
Et, ce qui plus le gesne & le rend miserable,
Il vient de découvrir un rival redoutable ;
Si bien que, pour sçavoir si ses soins amoureux,
Ont sujet d'esperer quelque succez heureux,
Je viens vous consulter, seur que de vostre bouche,
Je puis aprendre au vray le secret qui nous touche.

CELIE.

Sous quel Astre ton Maistre a-t-il receu le jour.

MASCARILLE.

Sous un Astre à jamais ne changer son amour.

CELIE.

Sans me nommer l'objet pour qui son cœur soûpire,
La science que j'ay m'en peut assez instruire ;

　　　　　　　　　　　　　　Cette

Cette fille a du cœur, & dans l'adverſité ,
Elle ſçait conſerver une noble fierté ,
Elle n'eſt pas d'humeur à trop faire connoiſtre
Les ſecrets ſentimens qu'en ſon cœur on fait naiſtre:
Mais je les ſçay comme elle , & d'un eſprit plus
      doux ,
Je vais en peu de mots vous les découvrir tous.

MASCARILLE.

O ! merveilleux pouvoir de la vertu magique !

CELIE.

Si ton Maiſtre en ce point de conſtance ſe pique ,
Et que la vertu ſeule anime ſon deſſein ,
Qu'il n'aprehende pas de ſoûpirer en vain;
Il a lieu d'eſperer , & le fort qu'il veut prendre
N'eſt pas ſourd aux traitez, & voudra bien ſe rendre.

MASCARILLE.

C'eſt beaucoup;mais ce fort dépend d'un gouverneur
Difficile à gagner.

CELIE.

          C'eſt là tout le mal-heur.

MASCARILLE.

Au diable le faſcheux qui touſjours nous éclaire.

CELIE.

Je vais vous enſeigner ce que vous devez faire.

LELIE les joignant.

Ceſſez, ô ! Trufaldin , de vous inquieter ,
C'eſt par mon ordre ſeul qu'il vous vient viſiter ;
Et je vous l'envoyois ce ſerviteur fidelle ,
Vous offrir mon ſervice , & vous parler pour elle,
Dont je vous veux dans peu payer la liberté ,
Pourveu qu'entre nous deux le prix ſoit arreſté.

MASCARILLE.

La peſte ſoit la beſte.

TRUFALDIN.

        Ho! Ho! qui des deux croire!
Ce diſcours au premier eſt fort contradictoire.

M A-

MASCARILLE.

Monsieur, ce galant-homme a le cerveau blessé ;
Ne le sçavez-vous pas ?

TRUFALDIN.

Je sçay ce que je sçay ;
J'ay crainte icy dessous de quelque manigance :
Rentrez, & ne prenez jamais cette licence :
Et vous, filous fieffez, ou je me trompe fort,
Mettez pour me joüer vos flutes mieux d'accord.

MASCARILLE.

C'est bien fait ; je voudrois qu'encor sans flatterie,
Il nous eust d'un baston chargez de compagnie ;
A quoy bon se montrer ; & comme un Estourdy,
Me venir dementir de tout ce que je dy ?

LELIE.

Je pensois faire bien.

MASCARILLE.

Oui, c'estoit fort l'entendre ;
Mais quoy, cette action ne me doit point surprendre,
Vous estes si fertile en pareils Contretemps,
Que vos escarts d'esprit n'étonnent plus les gens.

LELIE.

Ah ! mon Dieu, pour un rien me voila bien coupable,
Le mal est-il si grand qu'il soit irreparable ?
Enfin, si tu ne mets Celie entre mes mains,
Songe au moins de Leandre à rompre les desseins,
Qu'il ne puisse acheter avant moy cette belle.
De peur que ma presence encor soit criminelle,
Je te laisse.

MASCARILLE.

Fort bien. A dire vray, l'argent
Seroit dans nostre affaire un seur & fort agent ;
Mais ce ressort manquant, il faut user d'un autre.

SCE.

SCENE V.

ANSELME, MASCARILLE.

ANSELME.

PAr mon chef, c'eſt un ſiecle étrange que le nô-
tre !
J'en ſuis confus ; jamais tant d'amour pour le bien,
Et jamais tant de peine à retirer le ſien.
Les debtes aujourd'huy, quelque ſoin qu'on em-
ploye,
Sont comme les enfans que l'on conçoit en joye,
Et dont avecque peine on fait l'accouchement ;
L'argent dans une bourſe entre agreablement :
Mais le terme venu que nous devons le rendre,
C'eſt lors que les douleurs commencent à nous
prendre ;
Baſte ce n'eſt pas peu que deux mille francs dus,
Depuis deux ans entiers me ſoient enfin rendus ;
Encor eſt-ce un bon-heur.

MASCARILLE.

O ! Dieu, la belle proye
A tirer en volant ! chut : il faut que je voye,
Si je pourrois un peu de pres le careſſer.
Je ſçay bien les diſcours dont il le faut bercer.
Je viens de voir, Anſelme......

ANSELME.

Et qui ?

MASCARILLE.

Voſtre Nerine.

ANSELME.

Que dit-elle de moy cette gente aſſaſſine ?

MASCARILLE.

Pour vous elle eſt de flâme.

AN-

ANSELME.

Elle ?

MASCARILLE.

Et vous ayme tant ,
Que c'eft grande pitié.

ANSELME.

Que tu me rends contant !

MASCARILLE.

Peu s'en faut que d'amour la pauvrette ne meure ;
Anfelme , mon mignon , crie-t-elle à toute heure ,
Quand eft-ce que l'Hymen unira nos deux cœurs ?
Et que tu daigneras efteindre mes ardeurs ?

ANSELME.

Mais pourquoy jufqu'icy me les avoir celées ?
Les filles , par ma foy, font bien diffimulées !
Mafcarille , en effet , qu'en dis-tu ? quoy que vieux,
J'ay de la mine encore affez pour plaire aux yeux.

MASCARILLE.

Ouy , vrayment , ce vifage eft encor fort mettable ;
S'il n'eft pas des plus beaux , il eft defagreable.

ANSELME.

Si bien donc.......

MASCARILLE.

Si bien donc qu'elle eft fotte de vous ,
Ne vous regarde plus,.....

ANSELME.

Quoy ?

MASCARILLE.

Que comme un efpoux :
Et vous veut........

ANSELME.

Et me veut.....

MASCARILLE.

Et vous veut , quoy qu'il tienne ,
Prendre la bourfe.

AN-

ANSELME.

La ?

MASCARILLE.

La bouche avec la sienne.

ANSELME.

Ah ! je t'entends. Vien ça , lors que tu la verras ,
Vante luy mon merite autant que tu pourras.

MASCARILLE.

Laissez-moy faire.

ANSELME.

Adieu.

MASCARILLE.

Que le Ciel te conduise.

ANSELME.

Ah ! vrayment je faisois une estrange sottise,
Et tu pouvois pour toy m'accuser de froideur :
Je t'engage à servir mon amoureuse ardeur ,
Je reçois par ta bouche une bonne nouvelle,
Sans du moindre present recompenser ton zele ;
Tien , tu te souviendras......

MASCARILLE.

Ah ! non pas , s'il vous plaist.

ANSELME.

Laissez moy.

MASCARILLE.

Point du tout , j'agis sans interest.

ANSELME.

Je le sçay ; mais pourtant......

MASCARILLE.

Non, Anselme , vous dis-je ;
Je suis homme d'honneur , cela me desoblige.

ANSELME.

Adieu donc , Mascarille.

MASCARILLE.

O ! long discours !

AN-

ANSELME.

Je veux
Regaler par tes mains cet objet de mes vœux ;
Et je vais te donner dequoy faire pour elle
L'achapt de quelque bague, ou telle bagatelle
Que tu trouveras bon.

MASCARILLE.

Non, laissez vostre argent,
Sans vous mettre en soucy, je feray le present ;
Et l'on m'a mis en main une bague à la mode,
Qu'apres vous payerez si cela l'accommode.

ANSELME.

Soit, donne la pour moy ; mais sur tout fay si bien,
Qu'elle garde toûjours l'ardeur de me voir sien.

SCENE VI.

LELIE, ANSELME, MASCARILLE.

LELIE.

A Qui la bourse ?

ANSELME.

Ah ! Dieux, elle m'estoit tombée,
Et j'aurois apres crû qu'on me l'eust dérobée;
Je vous suis bien tenu de ce soin obligeant,
Qui m'épargne un grand trouble, & me rend mon
     argent :
Je vay m'en descharger au logis tout à l'heure.

MASCARILLE.

C'est estre officieux, & tres-fort, ou je meure.

LELIE.

Ma foy, sans moy, l'argent estoit perdu pour luy.

MASCARILLE.

Certes, vous faites rage, & payez aujourd'huy
D'un jugement tres-rare, & d'un bonheur extreme.
Nous avancerons fort, continuez de mesme.

LE-

LELIE.

Qu'eſt-ce donc ? qu'ay-je fait ?

MASCARILLE.

Le ſot , en bon François ,
Puiſque je puis le dire, & qu'enfin je le dois.
Il ſçait bien l'impuiſſance où ſon pere le laiſſe ,
Qu'un rival qu'il doit craindre étrangement nous
    preſſe ;
Cependant quand je tente un coup pour l'obliger ,
Dont je cours moy tout ſeul la honte & le danger....

LELIE.

Quoy ! c'eſtoit ! ....

MASCARILLE.

Ouy , bourreau , c'eſtoit pour la captive ,
Que j'attrapois l'argent dont voſtre ſoin nous prive.

LELIE.

S'il eſt ainſi, j'ay tort; mais qui l'euſt deviné?

MASCARILLE.

Il falloit , en effet , eſtre bien rafiné.

LELIE.

Tu me devois par ſigne advertir de l'affaire.

MASCARILLE.

Ouy , je devois au dos avoir mon luminaire ;
Au nom de Jupiter , laiſſez nous en repos ,
Et ne nous chantez plus d'impertinans propos :
Un autre apres cela quitteroit tout peut-eſtre ;
Mais j'avois medité tantoſt un coup de maiſtre ,
Dont tout preſentement je veux voir les effets ,
A la charge que ſi......

LELIE.

Non , je te le promets ,
De ne me meſler plus de rien dire , ou rien faire.

MASCARILLE.

Allez donc , voſtre veuë excite ma colere.

LELIE.

Mais ſur tout haſte toy , depeur qu'en ce deſſein.....
                                        MA-

MASCARILLE.

Allez, encor un coup, j'y vay mettre la main.
Menons bien ce projet, la fourbe sera fine,
S'il faut qu'elle succede ainsi que j'imagine.
Allons voir.... bon, voicy mon homme justement.

SCENE VII.

PANDOLFE, MASCARILLE.

PANDOLFE.

MAscarille.
MASCARILLE.
Monsieur.
PANDOLFE.
A parler franchement,
Je suis mal satisfait de mon fils.
MASCARILLE.
De mon maistre ?
Vous n'estes pas le seul qui se plaigne de l'estre :
Sa mauvaise conduite insuportable en tout,
Met à chaque moment ma patience à bout.
PANDOLFE.
Je vous croirois pourtant assez d'intelligence
Ensemble.
MASCARILLE.
Moy ? Monsieur, perdez cette croiance ;
Tousjours de son devoir je tasche à l'advertir :
Et l'on nous voit sans cesse avoir maille à partir.
A l'heure mesme encor nous avons eu querelle,
Sur l'hymen d'Hypolite, où je le voy rebelle ;
Où par l'indignite d'un refus criminel,
Je le vois offencer le respect paternel.
PANDOLFE.
Querelle !

MASCARILLE.
  Ouy, querelle, & bien avant pousſée.
PANDOLFE.
Je me trompois donc bien : car j'avois la penſée,
Qu'à tout ce qu'il faiſoit tu donnois de l'appuy.
MASCARILLE.
Moy ! voyez ce que c'eſt que du monde aujourduy ;
Et comme l'innocence eſt toûjours opprimée.
Si mon integrité vous eſtoit confirmée ;
Je ſuis aupres de luy gagé pour ſerviteur,
Vous me voudriez encor payer pour Precepteur :
Ouy, vous ne pourriez pas luy dire davantage,
Que ce que je luy dis, pour le faire eſtre ſage.
Monſieur, au nom de Dieu, luy fay-je aſſez ſouvent,
Ceſſez de vous laiſſer conduire au premier vent,
Reglez-vous. Regardez l'honneſte homme de pere
Que vous avez du Ciel, comme on le conſidere ;
Ceſſez de luy vouloir donner la mort au cœur,
Et, comme luy, vivez en perſonne d'honneur.
PANDOLFE.
C'eſt parler comme il faut. Et que peut-il répondre ?
MASCARILLE.
Répondre? des chanſons, dont il me vient confondre.
Ce n'eſt pas qu'en effet, dans le fond de ſon cœur,
Il ne tienne de vous des ſemences d'honneur ;
Mais ſa raiſon n'eſt pas maintenant la maiſtreſſe :
Si je pouvois parler avecque hardieſſe,
Vous le verriez dans peu ſoumis ſans nul effort.
PANDOLFE.
Parle.
MASCARILLE.
       C'eſt un ſecret qui m'importeroit fort
S'il eſtoit découvert : mais à voſtre prudence
Je puis le confier avec toute aſſeurance.
PANDOLFE.
Tu dis bien.

B

MA-

MASCARILLE.

Sçachez donc que vos vœux sont trahis,
Par l'amour qu'une esclave imprime à vostre fils.

PANDOLFE.

On m'en avoit parlé , mais l'action me touche,
De voir que je l'apprenne encore par ta bouche.

MASCARILLE.

Vous voyez si je suis le secret confident......

PANDOLFE.

Vrayment je suis ravy de cela.

MASCARILLE.

                                        Cependant
A son devoir , sans bruit , desirez-vous le rendre ?
Il faut.... j'ay tousjours peur qu'on nous vienne sur-
          prendre :
Ce seroit fait de moy s'il sçavoit ce discours.
Il faut , dis-je , pour rompre à toute chose cours,
Acheter sourdement l'esclave idolatrée,
Et la faire passer en une autre contrée.
Anselme a grand accez auprez de Trufaldin;
Qu'il aille l'acheter pour vous dés ce matin :
Apres , si vous voulez en mes mains la remettre,
Je connois des marchands , & puis bien vous pro-
          mettre ,
D'en retirer l'argent qu'elle pourra couster :
Et malgré vostre fils de la faire écarter.
Car enfin si l'on veut qu'à l'hymen il se range,
A cet amour naissante il faut donner le change;
Et de plus , quand bien mesme il seroit resolu ,
Qu'il auroit pris le joug que vous avez voulu:
Cet autre objet pouvant réveiller son caprice,
Au mariage encor peut porter prejudice.

PANDOLFE.

C'est tres-bien raisonné ; ce conseil me plaist fort;
Je vois Anselme , va , je m'en vay faire effort,
Pour avoir promptement cette esclave funeste ,

                                        Et

Et la mettre en tes mains pour achever le reste.
M A S C A R I L L E.
Bon , allons avertir mon Maistre de cecy :
Vive la fourberie , & les fourbes aussi.

S C E N E   VIII.

H Y P O L I T E, M A S C A R I L L E.

H Y P O L I T E.
Ouy , traistre , c'est ainsi que tu me rends ser-
    vice;
Je viens de tout entendre , & voir ton artifice;
A moins que de cela l'eussé je soupçonné !
Tu couches d'imposture , & tu m'en a donné !
Tu m'avois promis, lasche , & j'avois lieu d'atten-
    dre ,
Qu'on te verroit servir mes ardeurs pour Leandre ;
Que du choix de Lelie , où l'on veut m'obliger,
Ton adresse & tes soins sçauroient me dégager;
Que tu m'affranchirois du projet de mon pere?
Et cependant icy tu fais tout le contraire :
Mais tu t'abuseras , je sçais un seur moyen ,
Pour rompre cet achapt où tu pousses si bien ;
Et je vais de ce pas......
M A S C A R I L L E.
               Ah ! que vous estes prompte !
La mouche tout d'un coup à la teste vous monte ;
Et , sans considerer s'il a raison , ou non,
Vostre esprit contre moy fait le petit demon.
J'ay tort , & je devrois sans finir mon ouvrage,
Vous faire dire vray , puis qu'ainsi l'on m'outrage.
H Y P O L I T E.
Par quelle illusion penses-tu m'éblouïr?
Traistre , peux-tu nier ce que je viens d'ouïr.

B 2   M A-

MASCARILLE.

Non ; mais il faut sçavoir que tout cet artifice
Ne va directement qu'à vous rendre service :
Que ce conseil adroit qui semble estre sans fard,
Jette dans le panneau l'un & l'autre vieillard :
Que mon soin par leurs mains ne veut avoir Celie,
Qu'à dessein de la mettre au pouvoir de Lelie :
Et faire que l'effet de cette invention
Dans le dernier excez portant sa passion,
Anselme rebuté de son pretendu gendre,
Puisse tourner son choix du costé de Leandre.

HYPOLITE.

Quoy ! tout ce grand projet qui m'a mise en courroux,
Tu l'as formé pour moy , Mascarille !

MASCARILLE.

       Ouy , pour vous.
Mais puisqu'on reconnoist si mal mes bons offices,
Qu'il me faut de la sorte essuyer vos caprices,
Et que , pour recompense , on s'en vient de hauteur
Me traitter de faquin, de lâche , d'imposteur,
Je m'en vais reparer l'erreur que j'ay commise,
Et dés ce mesme pas rompre mon entreprise.

HYPOLITE *l'arestant.*

Hé ! ne me traite pas si rigoureusement,
Et pardone aux transports d'un premier mouvement.

MASCARILLE.

Non, non, laissez-moy faire , il est en ma puissance,
De detourner le coup qui si fort vous offence.
Vous ne vous plaindrez point de mes soins desor-
  mais :
Ouy, vous aurez mon maistre, & je vous le promets.

HYPOLITE.

Hé! mon pauvre garçon , que ta colere cesse ;
J'ay mal jugé de toy , j'ay tort , je le confesse :
  Tirant sa bourse.

           Mais

Mais je veux reparer ma faute avec cecy.
Pourrois-tu te resoudre à me quitter ainsi ?

MASCARILLE.

Non , je ne le sçaurois , quelque effort que je fasse.
Mais voftre promptitude est de mauvaise grace.
Aprenez, qu'il n'est rien qui blesse un noble cœur,
Comme quand il peut voir qu'on le touche en l'hon-
     neur.

HYPOLITE.

Il est vray, je t'ay dit de trop grosses injures :
Mais que ces deux Louïs guerissent tes blessures.

MASCARILLE.

Hé ! tout cela n'est rien , je suis tendre à ces coups :
Mais desja je commence à perdre mon courroux.
Il faut de ses amis endurer quelque chose.

HYPOLITE.

Pourras-tu mettre à fin ce que je me propose ?
Et crois-tu que l'effet de tes desseins hardis
Produise à mon amour le succez que tu dis?

MASCARILLE.

N'ayez point pour ce fait l'esprit sur des espines;
J'ay des ressorts tout-prests pour diverses machines ;
Et quand ce stratageme à nos vœux manqueroit,
Ce qu'il ne feroit pas , un autre le feroit.

HYPOLITE.

Croy qu'Hypolite au moins ne sera pas ingrate.

MASCARILLE.

L'esperance du gain n'est pas ce qui me flatte.

HYPOLITE.

Ton maistre te fait signe , & veut parler à toy;
Je te quitte : mais songe à bien agir pour moy.

SCENE IX.

MASCARILLE, LELIE.

LELIE.

QUe diable fais-tu là ? tu me promets merveille ;
Mais ta lenteur d'agir est pour moy sans pareille.
Sans que mon bon genie au devant m'a poussé,
Desja tout mon bon-heur eust esté renversé.
C'estoit fait de mon bien, c'estoit fait de ma joye,
D'un regret eternel je devenois la proye ;
Bref, si je ne me fusse en ce lieu rencontré,
Anselme avoit l'esclave, & j'en estois frustré.
Il l'emmenoit chez luy, mais j'ay paré l'atteinte,
J'ay detourné le coup, & tant fait, que par crainte
Le pauvre Trufaldin l'a retenuë.

MASCARILLE.

                                    Et trois;
Quand nous serons à dix, nous ferons une croix.
C'estoit par mon adresse, ô cervelle incurable,
Qu'Anselme entreprenoit cet achapt favorable,
Entre mes propres mains on la devoit livrer;
Et vos soins endiablez nous en viennent sevrer;
Et puis pour vostre amour je m'emploirois encore?
J'aymerois mieux cent fois estre grosse pecore,
Devenir cruche, choû, lanterne, loupgarou,
Et que Monsieur Satan vous vint tordre le coû.

LELIE.

Il nous le faut mener en quelque Hostellerie,
Et faire sur les pots décharger sa furie.

Fin du premier Acte.

ACTE

ACTE II.
SCENE PREMIERE.
MASCARILLE, LELIE.

MASCARILLE.

Vos defirs enfin il a fallu fe rendre ,
Malgré tous mes fermens je n'ay pû
   m'en deffendre,
Et pour vos interefts que je voulois laif-
   fer,
En de nouveaux perils viens de m'embaraffer;
Je fuis ainfi facile , & fi de Mafcarille
Madame la Nature avoit fait une fille ,
Je vous laiffe à penfer ce que ç'auroit efté.
Toutefois n'allez pas fur cette feureté
Donner de vos revers au projet que je tente,
Me faire une béveuë , & rompre mon attente ;
Auprés d'Anfelme encor nous vous excuferons,
Pour en pouvoir tirer ce que nous defirons ;
Mais fi d'orefnavant voftre imprudence éclatte,
Adieu vous dy mes foins pour l'objet qui vous
   flatte.
LELIE.
Non , je feray prudent, te dis-je , ne crains rien ,
Tu verras feulement.......
MASCARILLE.
             Souvenez-vous en bien ?
J'ay commencé pour vous un hardy ftratageme :
Voftre pere fait voir une pareffe extreme
A rendre par fa mort tous vos defirs contens,
Je viens de le tuër , de parole , j'entens ,
Je fais courir le bruit que d'une Apoplexie
Le bon-homme furpris a quitté cette vie;
B 4

Mais,

Mais avant, pour pouvoir mieux feindre ce trépas,
J'ay fait que vers fa grange il a porté fes pas ;
On eſt venu luy dire , & par mon artifice ,
Que les ouvriers qui font apres fon edifice,
Parmy les fondemens qu'ils en jettent encor,
Avoient fait par hazard rencontre d'un trefor ;
Il a volé d'abord , & comme à la campagne
Tout fon monde à prefent hors nous deux l'accom-
     pagne ,
Dans l'efprit d'un chacun je le tuë aujourd'huy,
Et produis un fantofme enfevely pour luy :
Enfin je vous ay dit à quoy je vous engage ,
Jouëz bien voftre rôle , & pour mon perfonnage ,
Si vous apercevez que j'y manque d'un mot,
Dites abfolument que je ne fuis qu'un fot.

L E L I E feul.

Son efprit , il eft vray , trouve une eftrange voye
Pour adreffer mes vœux au comble de leur joye ;
Mais quand d'un bel objet on eft bien amoureux ,
Que ne feroit on pas pour devenir heureux ?
Si l'amour eft au crime une affez belle excufe ,
Il en peut bien fervir à la petite rufe ,
Que fa flâme aujourd'huy me force d'approuver
Par la douceur du bien qui m'en doit ariver :
Jufte Ciel ! qu'ils font prompts! je les vois en parole,
Allons-nous preparer à jouër noftre rôle.

S C E N E II.

M A S C A R I L L E , A N S E L M E.

M A S C A R I L L E.

L A nouvelle a fujet de vous furprendre fort.
A N S E L M E.
Eftre mort de la forte !

M A.

MASCARILLE.

                    Il a certes grand tort.
Je luy sçay mauvais gré d'une telle incartade.

ANSELME.

N'avoir pas seulement le temps d'estre malade?

MASCARILLE.

Non, jamais homme n'eut si haste de mourir.

ANSELME.

Et Lelie ?

MASCARILLE.

                    Il se bat, & ne peut rien souffrir ;
Il s'est fait en maints lieux contusion & bosse,
Et veut accompagner son papa dans la fosse :
Enfin, pour achever, l'excez de son transport
M'a fait en grande haste ensevelir le mort,
De peur que cet objet qui le rend hipocondre,
A faire un vilain coup ne me l'allast semondre.

ANSELME.

N'importe, tu devois attendre jusqu'au soir,
Outre qu'encore un coup j'aurois voulu le voir.
Qui tost ensevelit, bien souvent assassine,
Et tel est crû deffunt qui n'en a que la mine.

MASCARILLE.

Je vous le garantis trespassé comme il faut ;
Au reste, pour venir au discours de tantost,
Lelie, & l'action luy sera salutaire,
D'un bel enterrement veut regaler son pere,
Et consoler un peu ce deffunt de son sort,
Par le plaisir de voir faire honneur à sa mort ;
Il herite beaucoup, mais comme en ses affaires,
Il se trouve assez neuf, & ne voit encor gueres,
Que son bien la pluspart n'est point en ces quartiers,
Ou que ce qu'il y tient consiste en des papiers ;
Il voudroit vous prier, en suitte de l'instance
D'excuser de tantost son trop de violence,
De luy prester au moins pour ce dernier devoir......

ANSELME.

Tu me l'as desja dit , & je m'en vais le voir.

MASCARILLE.

Jufques icy du moins tout va le mieux du monde :
Tafchons a ce progrés que le refte réponde,
Et de peur de trouver dans le port un écueil,
Conduifons le vaiffeau de la main & de l'œil.

SCENE III.

LELIE, ANSELME, MASCARILLE.

ANSELME.

SOrtons , je ne fçaurois qu'avec douleur tres-
forte,
Le voir empaqueté de cette eftrange forte :
Las ! en fi peu de temps ! il vivoit ce matin !

MASCARILLE.

En peu de temps par fois on fait bien du chemin.

LELIE.

Ah !

ANSELME.

Mais quoy ? cher Lelie, enfin il eftoit homme:
On n'a point pour la mort de difpenfe de Rome.

LELIE.

Ah !

ANSELME.

Sans leur dire gare elle abat les humains,
Et contr'eux de tout temps a de mauvais deffeins.

LELIE.

Ah !

ANSELME.

Ce fier animal pour toutes les prieres,
Ne perdroit pas un coup de fes dents meurtrieres ,
Tout le monde y paffe.

LELIE.

Ah !

MASCARILLE.
Vous avez beau prefcher,
Ce deuil enraciné ne fe peut arracher.

ANSELME.
Si malgré ces raifons voftre ennuy perfevere,
Mon cher Lelie, au moins, faites qu'il fe modere.

LELIE.

Ah !

MASCARILLE.
Il n'en fera rien, je connois fon humeur.

ANSELME.
Au refte, fur l'advis de voftre ferviteur,
J'aporte icy l'argent qui vous eft neceffaire,
Pour faire celebrer les obfeques d'un pere.....

LELIE.

Ah ! Ah !

MASCARILLE.
Comme à ce mot s'augmente fa douleur,
Il ne peut fans mourir fonger à ce malheur.

ANSELME.
Je fçay que vous verrez aux papiers du bon-homme,
Que je fuis debiteur d'une plus grande fomme :
Mais, quand par ces raifons je ne vous devrois rien,
Vous pourriez librement difpofer de mon bien.
Tenez, je fuis tout voftre, & le feray paroiftre.

LELIE s'en allant.
Ah !

MASCARILLE.
Le grand déplaifir que fent Monfieur mon Maiftre!

ANSELME.
Mafcarille, je croy qu'il feroit à propos,
Qu'il me fit de fa main un receu de deux morts.

MASCARILLE.
Ah !

ANSELME.
Des evenemens l'incertitude est grande.

MASCARILLE.
Ah !

ANSELME.
Faisons luy signer le mot que je demande.

MASCARILLE.
Las ! en l'estat qu'il est, comment vous contenter?
Donnez luy le loisir de se desatrister ;
Et quand ses déplaisirs prendront quelq; allegeance,
J'auray soin d'en tirer d'abord vostre asseurance.
Adieu, je sens mon cœur qui se gonfle d'ennuy,
Et m'en vay tout mon saoul pleurer avecque luy.
Ah !

ANSELME *seul.*
Le monde est remply de beaucoup de traverses.
Chaque homme tous les jours en ressent de diverses ,
Et jamais icy bas........

SCENE IV.

PANDOLFE, ANSELME.

ANSELME.
AH ! bon Dieux , je fremy !
Pandolfe qui revient ! fut-il bien endormy.
Comme depuis sa mort sa face est amaigrie !
Las ! ne m'aprochez pas de plus prés , je vous prie ;
J'ay trop de repugnance à coudoyer un mort.

PANDOLFE.
D'où peut donc provenir ce bizarre transport ?

ANSELME.
Dites-moy de bien loin quel sujet vous ameine.
Si pour me dire adieu vous prenez tant de peine ,
C'est trop de courtoisie , & veritablement,

Je

Je me serois passé de vostre compliment.
Si vostre ame est en peine & cherche des prieres ,
Las! je vous en promets, & ne m'effrayez gueres.
Foy d'homme espouvanté, je vais faire à l'instant
Prier tant Dieu pour vous, que vous serez content.
            Disparoissez donc , je vous prie :
            Et que le Ciel par sa bonté ,
            Comble de joye & de santé
            Vostre deffunte seigneurie.
            P A N D O L F E *riant.*
Malgré tout mon dépit , il m'y faut prendre part.
            A N S E L M E.
Las! pour un trespassé vous estes bien gaillart !
            P A N D O L F E.
Est-ce jeu? dittes-nous, ou bien si c'est folie ,
Qui traitte de deffunt une personne en vie ?
            A N S E L M E.
Helas! vous estes mort , & je viens de vous voir….
            P A N D O L F E.
Quoy? j'aurois trespassé sans m'en appercevoir ?
            A N S E L M E.
Si-tost que Mascarille en a dit la nouvelle ,
J'en ay senty dans l'ame une douleur mortelle.
            P A N D O L F E.
Mais enfin dormez-vous ? estes-vous éveillé ?
Me connoissez vous pas ?
            A N S E L M E.
                              Vous estes habillé
D'un corps aërien qui contrefait le vostre ,
Mais qui dans un moment peut devenir tout autre.
Je crains fort de vous voir comme un geant grandir ,
Et tout vostre visage affreusement laidir,
Pour Dieu , ne prenez point de vilaine figure ;
J'ay proû de ma frayeur en cette conjecture.
            P A N D O L F E.
En une autre saison , cette naïveté ,

                    B 7   Dont

Dont vous accompagnez voſtre credulité,
Anſelme, me ſeroit un charmant badinage,
Et j'en prolongerois le plaiſir davantage :
Mais avec cette mort un treſor ſuppoſe,
Dont parmy les chemins on m'a deſabuſé,
Fomente dans mon ame un ſoupçon legitime.
Maſcarille eſt un fourbe,& fourbe fourbiſſime,
Sur qui ne peuvent rien la crainte, & le remors,
Et qui pour ſes deſſeins a d'etranges reſſorts.

ANSELME.

M'auroit-on joüé piece, & fait ſupercherie ?
Ah! vrayment ma raiſon vous ſeriez fort jolie !
Touchons un peu pour voir : en effet c'eſt bien luy.
Male-peſte du ſot, que je ſuis aujourd'huy !
De grace, n'allez pas divulguer un tel conte ;
On en feroit joüer quelque farce à ma honte :
Mais, Pandolfe, aidez-moy vous-meſme à retirer
L'argent que j'ay donné pour vous faire enterrer.

PANDOLFE.

De l'argent, dittes-vous?ah!c'eſt donc l'encloueüire.
Voila le nœud ſecret de toute l'advanture ;
A voſtre dam. Pour moy, ſans m'en mettre en ſoucy,
Je vais faire informer de cette affaire icy ,
Contre ce Maſcarille , & ſi l'on peut le prendre,
Quoy qu'il puiſſe couſter, je veux le faire pendre.

ANSELME.

Et moy, la bonne duppe, à trop croire un vaurien ,
Il faut donc qu'aujourduy je perde, & ſang, & bien?
Il me ſied bien, ma foy, de porter teſte griſe ,
Et d'eſtre encor ſi prompt à faire une ſottiſe !
D'examiner ſi peu ſur un premier rapport !.…
Mais je voy.…

S. C E.

SCENE V.

LELIE, ANSELME.

LELIE.

MAintenant avec ce passeport,
Je puis à Trufaldin rendre aisément visite.

ANSELME.

A ce que je puis voir, vostre douleur vous quitte ?

LELIE.

Que dittes vous! jamais elle ne quittera
Un cœur qui cherement tousjours la nourrira.

ANSELME.

Je reviens sur mes pas vous dire, avec franchise,
Que tantost avec vous j'ay fait une méprise;
Que parmy ces Louis, quoy qu'ils semblent tres-
  beaux,
J'en ay sans y penser meslé que je tiens faux,
Et j'apporte sur moy dequoy mettre en leur place :
De nos faux monnoyeurs l'insuportable audace
Pullule en cét Estat d'une telle façon,
Qu'on ne reçoit plus rien qui soit hors de soupçon :
Mon Dieu, qu'on feroit bien de les faire tous pendre!

LELIE.

Vous me faites plaisir de les vouloir reprendre;
Mais je n'en ay point veu de faux, comme je croy.

ANSELME.

Je les connoistray bien, montrez, montrez les moy :
Est-ce tout ?

LELIE.

Oui.

ANSELME.

Tant mieux; enfin je vous racroche,
Mon argent bien aymé, rentrez dedans ma poche;

Et

Et vous, mon brave Escroc, vous ne tenez plus rien ;
Vous tuez donc des gens qui se portent fort bien ;
Et qu'auriez-vous donc fait sur moy, chetif beau-
      pere ?
Ma foy, je m'engendrois d'une belle maniere!
Et j'alois prendre en vous un beau-fils fort discret.
Allez, allez mourir de honte & de regret.

LELIE.

Il faut dire, j'en tiens; quelle surprise extréme !
D'où peut-il avoir sceu si-tost le stratageme !

SCENE VI.

MASCARILLE, LELIE.

MASCARILLE.

QUoy ? vous estiez sorty ? je vous cherchois par
      tout :
Hé bien? en sommes-nous enfin venus à bout ;
Je le donne en six coups au fourbe le plus brave :
ç'a, donnez-moy que j'aille acheter nostre esclave,
Vostre rival apres sera bien estonné.

LELIE.

Ah! mon pauvre garçon, la chance a bien tourné,
Pourrois-tu de mon sort deviner l'injustice ?

MASCARILLE.

Quoy? que seroit-ce ?

LELIE.

             Anselme instruit de l'artifice,
M'a repris maintenant tout ce qu'il nous prestoit,
Sous couleur de changer de l'or que l'on doutoit.

MASCARILLE.

Vous vous moquez peut-estre ?

LELIE.

             Il est trop veritable.

M A-

M A S C A R I L L E.

Tout de bon !

L E L I E.

Tout de bon, j'en suis inconsolable ;
Tu te vas emporter d'un courroux sans égal.

M A S C A R I L L E.

Moy, Monsieur? quelque sot, la colere fait mal ;
Et je veux me choyer, quoy qu'enfin il arrive :
Que Celie apres tout soit ou libre, ou captive ;
Que Leandre l'achepte, ou qu'elle reste là,
Pour moy, je m'en soucie autant que de cela.

L E L I E.

Ah! n'aye point pour moy si grande indifference,
Et sois plus indulgent à ce peu d'imprudence,
Sans ce dernier malheur, ne m'avouras-tu pas,
Que j'avois fait merveille? & qu'en ce feint trépas
J'éludois un chacun d'un deuil si vray-semblable,
Que les plus clair-voyants l'auroient crû veritable?

M A S C A R I L L E.

Vous avez en effet sujet de vous loüer.

L E L I E.

Et bien, je suis coupable, & je veux l'advoüer ;
Mais, si jamais mon bien te fut considerable,
Repares ce mal-heur, & me sois secourable.

M A S C A R I L L E.

Je vous baise les mains, je n'ay pas le loisir.

L E L I E.

Mascarille, mon fils.

M A S C A R I L L E.

Point.

L E L I E.

Fay moy ce plaisir.

M A S C A R I L L E.

Non, je n'en feray rien.

L E L I E.

Si tu m'es inflexible,

Je

Je m'en vais me tuer.

MASCARILLE.

Soit, il vous est loisible.

LELIE.

Je ne te puis fléchir ?

MASCARILLE.

Non.

LELIE.

Vois-tu le fer prest?

MASCARILLE.

Oui.

LELIE.

Je vais le pousser.

MASCARILLE.

Faites ce qu'il vous plaist.

LELIE.

Tu n'auras pas regret de m'arracher la vie !

MASCARILLE.

Non.

LELIE.

Adieu Mascarille.

MASCARILLE.

Adieu Monsieur Lelie.

LELIE.

Quoy !.....

MASCARILLE.

Tuez-vous donc viste: ah! que de longs devis !

LELIE.

Tu voudrois bien, ma foy, pour avoir mes habits,
Que je fisse le sot, & que je me tuasse.

MASCARILLE.

Sçavois-je pas qu'enfin ce n'estoit que grimace ;
Et, quoy que ces esprits jurent d'effectuer,
Qu'on n'est point aujourd'huy si prompt à se tuer.

SCE-

SCENE VII.

LEANDRE, TRUFALDIN, LELIE, MASCARILLE.

LELIE.

QUe vois-je! mon rival & Trufaldin ensemble !
Il achette Celie; ah! de frayeur je tremble.

MASCARILLE.

Il ne faut point douter qu'il fera ce qu'il peut,
Et, s'il a de l'argent, qu'il pourra ce qu'il veut :
Pour moy , j'en suis ravy; voila la recompense
De vos brusques erreurs, de vostre impatience.

LELIE.

Que dois-je faire? dy , veüille me conseiller.

MASCARILLE.

Je ne sçay.

LELIE.

Laisse-moy, je vais le quereller.

MASCARILLE.

Qu'en arrivera-t-il ?

LELIE.

Que veux-tu que je fasse
Pour empescher ce coup ?

MASCARILLE.

Allez, je vous fais grace ;
Je jette encor un œil pitoyable sur vous ,
Laissez-moy l'observer par des moyens plus doux ;
Je vay, comme je croy, sçavoir ce qu'il projette.

TRUFALDIN.

Quand on viendra tantost, c'est une affaire faitte.

MASCARILLE.

Il faut que je l'attrappe, & que de ses desseins
Je sois le confident pour mieux les rendre vains.

LEAN-

LEANDRE.

Graces au Ciel , voila mon bonheur hors d'atteinte,
J'ay sceu me l'asseurer ; & je n'ay plus de crainte ;
Quoy que desormais puisse entreprendre un rival ,
Il n'est plus en pouvoir de me faire du mal.

MASCARILLE.

Ahi, ahi, à l'ayde, au meurtre , au secours, on m'as-
    somme ,
Ah,ah,ah,ah,ah,ah,ô traistre! ô bourreau d'homme!

LEANDRE.

D'où procede cela? qu'est-ce? que te fait-on ?

MASCARILLE.

On vient de me donner deux cent coups de baston.

LEANDRE.

Qui ?

MASCARILLE.

  Lelie.

LEANDRE.

     Et pourquoy ?

MASCARILLE.

            Pour une bagatelle
Il me chasse & me bat d'une façon cruelle.

LEANDRE.

Ah! vrayment il a tort :

MASCARILLE.

        Mais , ou je ne pourray,
Ou je jure bien fort , que je m'en vengeray ;
Oui , je te feray voir, batteur que Dieu confonde,
Que ce n'est pas pour rien qu'il faut roüier le monde:
Que je suis un valet, mais fort homme d'honneur ,
Et qu'apres m'avoir eu quatre ans pour serviteur ,
Il ne me falloit pas payer en coups de gaules,
Et me faire un affront si sensible aux espaules :
Je te le dis encor, je sçauray m'en venger ;
Une esclave te plaist, tu voulois m'engager
A la mettre en tes mains , & je veux faire en sorte
                 Qu'un

Qu'un autre te l'enleve, ou le diable m'emporte.
L E A N D R E.
Escoute , Mascarille , & quitte ce transport ;
Tu m'as plu de tout temps , & je souhaitois fort
Qu'un garçon comme toy plein d'esprit & fidele ,
A mon service un jour puſt attacher ſon zele :
Enfin, ſi le party te ſemble bon pour toy ,
Si tu veux me ſervir , je t'arreſte avec moy.
M A S C A R I L L E.
Oui, Monſieur, d'autant mieux que le deſtin propice
M'offre à me bien venger en vous rendant ſervice ,
Et que dans mes efforts pour vos contentemens ,
Je puis à mon brutal trouver des chaſtimens.
De Celie en un mot par mon adreſſe extréme.....
L E A N D R E.
Mon amour s'eſt rendu cét office luy-meſme ,
Enflammé d'un objet qui n'a point de defaut ,
Je viens de l'achetter moins encor qu'il ne vaut.
M A S C A R I L L E.
Quoy ? Celie eſt à vous ?
L E A N D R E.
                    Tu la verrois paroiſtre ,
Si de mes actions j'eſtois tout à fait maiſtre :
Mais quoy ! mon pere l'eſt: comme il a volonté ,
Ainſi que je l'apprends d'un paquet apporté ,
De me determiner à l'hymen d'Hypolite ,
J'empeſche qu'un rapport de tout cecy l'irrite.
Donc avec Trufaldin ; car je ſors de chez luy ,
J'ay voulu tout exprés agir au nom d'autruy ,
Et l'achat fait , ma bague eſt la marque choiſie,
Sur laquelle au premier il doit livrer Celie ;
Je ſonge auparavant à chercher les moyens
D'oſter aux yeux de tous ce qui charme les miens ,
A trouver promptement un endroit favorable ,
Où puiſſe eſtre en ſecret cette captive aymable.

M A-

MASCARILLE.

Hors de la ville un peu , je puis avec raifon ,
D'un vieux parent que j'ay vous offrir la maifon,
Là vous pourrez la mettre avec toute afleurance ,
Et de cette action nul n'aura connoiffance.

LEANDRE.

Oui, ma foy, tu me fais un plaifir fouhaité.
Tien donc, & va pour moy prendre cette beauté ,
Dés que par Trufaldin ma bague fera veuë ,
Aufli-toft en tes mains elle fera renduë ,
Et dans cette maifon tu me la conduiras
Quand... mais chut, Hypolite eft icy fur nos pas.

SCENE VIII.

HYPOLITE, LEANDRE, MASCARILLE.

HYPOLITE.

JE dois vous annoncer, Leandre, une nouvelle ;
Mais la treuverez-vous agreable , ou cruelle ?

LEANDRE.

Pour en pouvoir juger, & répondre foudain ,
Il faudroit la fçavoir.

HYPOLITE.

          Donnez-moy donc la main
Jufqu'au Temple, en marchant je pourray vous l'ap-
    prendre.

LEANDRE.

Va, va-t'en me fervir fans davantage attendre.

MASCARILLE.

Oui, je te vay fervir d'un plat de ma façon ;
Fut-il jamais au monde un plus heureux garçon!
O! que dans un moment Lelie aura de joye!
Sa maiftreffe en nos mains tomber par cette voye !
Recevoir tout fon bien, d'où l'on attend le mal !

                            Et

Et devenir heureux par la main d'un rival !
Apres ce rare exploit, je veux que l'on s'apprefte
A me peindre en Heros un laurier fur la tefte,
Et qu'au bas du portrait on mette en lettres d'or,
Vivat Mafcarillus, fourbum Imperator.

S C E N E   IX.

TRUFALDIN, MASCARILLE.

M A S C A R I L L E.

Hola.

T R U F A L D I N.
Que voulez-vous ?

M A S C A R I L L E.
                              Cette bague connuë,
Vous dira le fujet qui caufe ma venuë.

T R U F A L D I N.
Oui, je reconnois bien la bague que voila :
Je vais querir l'efclave, arreftez un peu la.

S C E N E   X.

LE COURRIER, TRUFALDIN,
MASCARILLE.

L E   C O U R R I E R.
Seigneur, obligez-moy de m'enfeigner un hom-
    me....

T R U F A L D I N.
Et qui ?

L E   C O U R R I E R.
Je croy que c'eft Trufaldin qu'il fe nomme.

T R U F A L D I N.
Et que luy voulez-vous ? vous le voyez icy.

                                        L E

                L E C O U R R I E R,
Luy rendre feulement la lettre que voicy.

L E T T R E.

Le Ciel dont la bonté prend foucy de ma vie ,
Vient de me faire ouïr par un bruit affez doux ,
Que ma fille à quatre ans par des voleurs ravie ,
Sous le nom de Celie eft efclave chez vous.

Si vous fceuftes jamais ce que c'eft qu'eftre pere ,
Et vous trouvez fenfible aux tendreffes du fang ,
Confervez-moy chez vous cette fille fi chere ,
Comme fi de la voftre elle tenoit le rang.

Pour l'aller retirer , je pars d'icy moy-mefme ,
Et vous vais de vos foins recompenfer fi bien ,
Que par voftre bonheur que je veux rendre extréme ,
Vous benirez le jour où vous caufés le mien.

De Madrid.

                Dom Pedro de Gufman ,
                Marquis de Montalcane.

                T R U F A L D I N.
Quoy qu'à leur Nation bien peu de foy foit deuë,
Ils me l'avoient bien dit, ceux qui me l'ont venduë,
Que je verrois dans peu quelqu'un la retirer ,
Et que je n'aurois pas fujet d'en murmurer :
Et cependant j'allois par mon impatience,
Perdre aujourd'huy les fruits d'une haute efperan-
        ce.
Un feul moment plus tard tous vos pas eftoient
        vains ,
J'aillois mettre en l'inftant cette fille en fes mains ;
Mais fuffit , j'en auray tout le foin qu'on defire.
Vous-mefme, vous voyez ce que je viens de lire :
Vous direz à celuy qui vous a fait venir ,
                    Que

Que je ne luy sçaurois ma parole tenir.
Qu'il vienne retirer son argent.

MASCARILLE.

Mais l'outrage

Que vous luy faites......

TRUFALDIN.

Va, sans causer davantage.

MASCARILLE.

Ah ! le fâcheux paquet que nous venons d'avoir !
Le sort a bien donné la baye à mon espoir !
Et bien à la male-heure est-il venu d'Espagne,
Ce Courier que la foudre ou la gresle accompagne ;
Jamais, certes, jamais plus beau commencement,
N'eust en si peu de temps plus triste evenement.

SCENE XI.

LELIE, MASCARILLE.

MASCARILLE.

Quel beau transport de joye à present vous in-
spire ?

LELIE.

Laisse m'en rire encor avant que te le dire.

MASCARILLE.

ça, rions donc bien fort, nous en avons sujet.

LELIE.

Ah ! je ne seray plus de tes plaintes l'objet.
Tu ne me diras plus, toy qui tousjours me cries,
Que je gaste en brouillon toutes tes fourberies :
J'ay bien joüé moy-mesme un tour des plus adroits.
Il est vray, je suis prompt, & m'emporte par fois ;
Mais pourtant, quand je veux, j'ay l'imaginative
Aussi bonne en effet, que personne qui vive ;
Et toy-mesme advoüeras que ce que j'ay fait, part
D'une pointe d'esprit où peu de monde a part.

C

MA-

MASCARILLE.

Sçachons donc ce qu'a fait cette imaginative.

LELIE.

Tantoft, l'efprit efinu d'une frayeur bien vive,
D'avoir veu Trufaldin avecque mon rival,
Je fongeois à trouver un remede à ce mal,
Lors que me ramaffant tout entier en moy-mefme,
J'ay conçu, digeré, produit un ftratageme,
Devant qui tous les tiens, dont tu fais tant de cas,
Doivent fans contredit, mettre pavillon bas.

MASCARILLE.

Mais qu'eft-ce ?

LELIE.

                Ah! s'il te plaift, donne toy patience;
J'ay donc feint une lettre avecque diligence,
Comme d'un grand Seigneur écritte à Trufaldin,
Qui mande, qu'ayant fçeu par un heureux deftin,
Qu'une efclave qu'il tient fous le nom de Celie,
Eft fa fille autrefois par des voleurs ravie ;
Il veut la venir prendre, & le conjure au moins
De la garder tousjours, de luy rendre des foins ;
Qu'à ce fujet il part d'Efpagne, & doit pour elle
Par de fi grands prefents reconnoiftre fon zele,
Qu'il n'aura point regret de caufer fon bonheur.

MASCARILLE.

Fort bien.

LELIE.

                Efcoute donc; voicy bien le meilleur.
La Lettre que je dis, a donc efté remife ;
Mais, fçais-tu bien comment? en faifon fi bien prife,
Que le porteur m'a dit que fans ce trait falot,
Un homme l'emmenoit qui s'eft trouvé fort fot.

MASCARILLE.

Vous avez fait ce coup fans vous donner au diable ?

LELIE.

Ouy, d'un tour fi fubtil m'aurois-tu crû capable ?

                                            Loüé

Louë au moins mon adreſſe , & la dexterité ,
Dont je romps d'un rival le deſſein concerté.

MASCARILLE.

A vôus pouvoir louër ſelon voſtre merite ,
Je manque d'eloquence , & ma force eſt petite ;
Ouy , pour bien étaler cét effort relevé ,
Ce bel exploit de guerre à nos yeux achevé ,
Ce grand & rare effet d'une imaginative ,
Qui ne cede en vigueur à perſonne qui vive ,
Ma langue eſt impuiſſante , & je voudrois avoir
Celles de tous les gens du plus exquis ſçavoir ,
Pour vous dire en beauxVers, ou bien en doćte Proſe ,
Que vous ſerez tousjours , quoy que l'on ſe propoſe ,
Tout ce que vous avez eſté durant vos jours ;
C'eſt à dire , un eſprit chauſſé tout à rebours ,
Une raiſon malade , & tousjours en débauche ,
Un envers du bon ſens , un jugement à gauche ,
Un brouillon , une beſte , un bruſque , un eſtourdy ,
Que ſçay-je , un , cent fois plus encor que je ne dy ,
C'eſt faire en abregé voſtre panegyrique.

LELIE.

Apprends moy le ſujet qui contre moy te pique :
Ay-je fait quelque choſe? éclaircy moy ce point.

MASCARILLE.

Non , vous n'avez rien fait ; mais ne me ſuivez point.

LELIE.

Je te ſuivray par tout , pour ſçavoir ce myſtere.

MASCARILLE.

Ouy? ſus donc , preparez vos jambes à bien faire ;
Car je vais vous fournir de quoy les exercer.

LELIE.

Il m'eſchape! ô malheur qui ne ſe peut forcer !
Au diſcours qu'il m'a fait que ſçaurois- je compren-
    dre ?
Et quel mauvais office aurois-je pû me rendre ?

Fin du ſecond Aćte.

C 2   ACTE

ACTE III.

SCENE PREMIERE.

MASCARILLE *seul.*

Aifez-vous, ma bonté, ceffez voftre
    entretien ;
Vous eftes une fotte, & je n'en feray
    rien ;
Ouy, vous avez raifon, mon couroux,
    je l'advouë;
Relier tant de fois ce qu'un brouillon denouë,
C'eft trop de patience ; & je dois en fortir
Apres de fi beaux coups qu'il a fceu divertir.
Mais aufli, raifonnons un peu fans violence :
Si je fuis maintenant ma jufte impatience,
On dira que je cede à la difficulté,
Que je me trouve à bout de ma fubtilité ;
Et que deviendra lors cette publique eftime,
Qui te vante par tout pour un fourbe fublime,
Et que tu t'es acquife en tant d'occafions,
A ne t'eftre jamais veu court d'inventions ?
L'honneur, ô Mafcarille, eft une belle chofe :
A tes nobles travaux ne fais aucune paufe;
Et, quoy qu'un maiftre ait fait pour te faire enrager,
Acheve pour ta gloire, & non pour l'obliger :
Mais quoy ! que feras-tu, que de l'eau toute claire,
Traverfé fans repos par ce demon contraire ?
Tu vois qu'à chaque inftant il te fait déchanter,
Et que c'eft battre l'eau, de pretendre arefter
Ce torrent effrené, qui de tes artifices
Renverfe en un moment les plus beaux Edifices.
Et bien, pour toute grace, encore un coup du moins,
Au hazard du fuccez, facrifions des foins;
Et s'il pourfuit encor à rompre noftre chance,

J'y

J'y confens , oftons luy toute noftre affiftance.
Cependant noftre affaire encor n'iroit pas mal ,
Si par là nous pouvions perdre noftre rival,
Et que Leandre enfin , laffé de fa pourfuitte ,
Nous laiffaft jour entier pour ce que je medite.
Ouy , je roule en ma tefte un trait ingenieux,
Dont je promettrois bien un fuccez glorieux,
Si je puis n'avoir plus cet obftacle à combatre :
Bon , voions fi fon feu fe rend opiniâtre.

S C E N E   II.

L E A N D R E ,   M A S C A R I L L E.

M A S C A R I L L E.

Monfieur , j'ay perdu temps , voftre homme fe
 dédit.

L E A N D R E.

De la chofe luy·mefme il m'a fait un recit ;
Mais , c'eft bien plus, j'ay fceu que tout ce beau my-
 ftere ,
D'un rapt d'Egyptiens , d'un grand Seigneur pour
 pere,
Qui doit partir d'Efpagne , & venir en ces lieux ,
N'eft qu'un pur ftratageme , un trait facetieux,
Une hiftoire à plaifir , un conte dont Lelie
A voulu detourner noftre achapt de Celie.

M A S C A R I L L E.

Voyez un peu la fourbe !

L E A N D R E.

      Et pourtant Trufaldin
Eft fi bien imprimé de ce conte badin,
Mord fi bien à l'appaft de cette foible rufe,
Qu'il ne veut point fouffrir que l'on le defabufe.

M A S C A R I L L E.

C'eft pourquoy deformais il la gardera bien ,
C 3

Et

Et je ne voy pas lieu d'y pretendre plus rien.
                    LEANDRE.
Si d'abord à mes yeux elle parût aymable,
Je viens de la treuver tout à fait adorable,
Et je suis en suspens, si pour me l'acquerir,
Aux extrémes moyens je ne dois point courir,
Par le don de ma foy rompre sa destinée,
Et changer ses liens en ceux de l'hymenée.
                    MASCARILLE.
Vous pourriez l'épouser!
                    LEANDRE.
                         Je ne sçay : mais enfin,
Si quelque obscurité se treuve en son destin,
Sa grace & sa vertu sont de douces amorces,
Qui pour tirer les cœurs ont d'incroyables forces.
                    MASCARILLE.
Sa vertu, dites-vous !
                    LEANDRE.
                         Quoy! que murmures-tu?
Acheve, explique-toy sur ce mot de vertu.
                    MASCARILLE.
Monsieur, vostre visage en un moment s'altere,
Et je feray bien mieux peut-estre de me taire.
                    LEANDRE.
Non, non, parle.
                    MASCARILLE.
                         Hé bien donc, tres-charitablement
Je vous veux retirer de vostre aveuglement.
Cette fille......
                    LEANDRE.
                    Poursuy.
                    MASCARILLE.
                         N'est rien moins qu'inhumaine;
Dans le particulier elle oblige sans peine,
Et son cœur, croyez-moy, n'est point roche apres
     tout,
                                        A qui-

A quiconque la fçait prendre par le bon bout ;
Elle fait la fucrée, & veut pafler pour prude ;
Mais je puis en parler avecque certitude ;
Vous fçavez que je fuis quelque peu d'un meftier,
A me devoir connoiftre en un pareil gibier.

            L E A N D R E.
Celie......

            M A S C A R I L L E.
        Ouy, fa pudeur n'eft que franche grimace,
Qu'une ombre de vertu qui garde mal la place,
Et qui s'évanouït, comme l'on peut fçavoir,
Aux rayons du Soleil qu'une bourfe fait voir.

            L E A N D R E.
Las! que dis-tu? croiray-je un difcours de la forte !

            M A S C A R I L L E.
Monfieur, les volontez font libres, que m'importe ?
Non, ne me croyez pas, fuivez voftre deflein,
Prenez cette matoife, & luy donnez la main ;
Toute la ville en corps reconnoiftra ce zele,
Et vous efpouferez le bien public en elle.

            L E A N D R E.
Quelle furprife eftrange !

            M A S C A R I L L E.
                        Il a pris l'hameçon ,
Courage, s'il s'y peut enferrer tout de bon ,
Nous nous oftons du pied une fafcheufe efpine.

            L E A N D R E.
Ouy, d'un coup eftonnant ce difcours m'affaffine.

            M A S C A R I L L E.
Quoy! vous pourriez !.....

            L E A N D R E.
                        Va-t'en jufqu'à la pofte, & voy
Je ne fçay quel paquet qui doit venir pour moy.
Qui ne s'y fût trompé? jamais l'air d'un vifage ,
Si ce qu'il dit eft vray, n'impofa davantage.

            C 4   S C E-

SCENE III.

LELIE, LEANDRE.

LELIE.

DU chagrin qui vous tient, quel peut estre l'objet?

LEANDRE.

Moy ?

LELIE.

Vous-mesme.

LEANDRE.

Pourtant je n'en ay point sujet.

LELIE.

Je voy bien ce que c'est , Celie en est la cause.

LEANDRE.

Mon esprit ne court pas apres si peu de chose.

LELIE.

Pour elle vous aviez pourtant de grands desseins ,
Mais il faut dire ainsi, lors qu'ils se trouvent vains.

LEANDRE.

Si j'estois assez sot , pour cherir ses caresses,
Je me mocquerois bien de toutes vos finesses.

LELIE.

Quelles finesses donc ?

LEANDRE.

Mon Dieu , nous sçavons tout.

LELIE.

Quoy ?

LEANDRE.

Vostre procedé de l'un à l'autre bout.

LELIE.

C'est de l'Hebreu pour moy , je n'y puis rien com-
prendre.

LEAN-

LEANDRE.

Feignez, si vous voulez, de ne me pas entendre ;
Mais, croyez-moy, cessez de craindre pour un bien,
Où je serois fasché de vous disputer rien ;
J'ayme fort la beauté qui n'est point prophanée,
Et ne veux point brûler pour une abandonnée.

LELIE.

Tout beau, tout beau, Leandre.

LEANDRE.

      Ah ! que vous estes bon !
Allez, vous dis-je encor, servez-là sans soupçon,
Vous pourrez vous nommer homme à bonnes for-
  tunes :
Il est vray, sa beauté n'est pas des plus communes ;
Mais en revanche aussi le reste est fort commun.

LELIE.

Leandre, arrestons là ce discours importun.
Contre moy tant d'efforts qu'il vous plaira pour elle;
Mais sur tout retenez cette atteinte mortelle ;
Sçachez que je m'impute à trop de lâchete,
D'entendre mal parler de ma divinité ;
Et que j'auray toûjours bien moins de repugnance
A souffrir vostre amour, qu'un discours qui l'offence.

LEANDRE.

Ce que j'advance icy me vient de bonne part.

LELIE.

Quiconque vous l'a dit, est un lasche, un pendard ;
On ne peut imposer de tache à cette fille :
Je connois bien son cœur.

LEANDRE.

      Mais enfin Mascarille
D'un semblable procez est juge competant ;
C'est luy qui la condamne.

LELIE.

    Cuy ?

       LEAN-

LEANDRE.
Luy-mefme.
LELIE.
                                        Il pretend
D'une fille d'honneur infolemment médire,
Et que peut-eftre encor je n'en feray que rire.
Gage qu'il fe dédit.
LEANDRE.
                        Et moy gage que non.
LELIE.
Parbleu, je le ferois mourir fous le bafton,
S'il m'avoit foûtenu des fauffetez pareilles.
LEANDRE.
Moy, je luy couperois fur le champ les oreilles,
S'il n'eftoit pas garant de tout ce qu'il m'a dit.

SCENE V.

LELIE, LEANDRE, MASCARILLE.

LELIE.

AH! bon, bon, le voila, venez-çà, chien maudit.
MASCARILLE.
Quoy?
LELIE.
        Langue de ferpent fertile en impoftures,
Vous ofez fur Celie attacher vos morfures!
Et luy calomnier la plus rare vertu,
Qui puiffe faire éclat fous un fort abattu!
MASCARILLE.
Doucement, ce difcours eft de mon induftrie.
LELIE.
Non, non, point de figu d'œil, & point de raillerie,
Je fuis aveugle à tout, fourd à quoy que ce foit;
Fuft-ce mon propre frere, il me la payeroit;
                                        Et

Et sur ce que j'adore oser porter le blasme ,
C'est me faire une playe au plus tendre de l'ame ;
Tous ces signes sont vains, quels discours as-tu faits?

MASCARILLE.

Mon Dieu, ne cherchons point querelle, ou je m'en
vais.

LELIE.

Tu n'eschaperas pas.

MASCARILLE.

Ahi.

LELIE.

Parle donc, confesse.

MASCARILLE.

Laissez-moy, je vous dy que c'est un tour d'adresse.

LELIE.

Dépesche, qu'as-tu dit? vuide entre nous ce point.

MASCARILLE.

J'ay dit ce que j'ay dit , ne vous emportez point.

LELIE.

Ah! je vous feray bien parler d'une autre sorte.

LEANDRE.

Alte un peu , retenez l'ardeur qui vous emporte.

MASCARILLE.

Fut-il jamais au monde un esprit moins sensé !

LELIE.

Laissez-moy contenter mon courage offencé.

LEANDRE.

C'est trop que de vouloir le battre en ma presence.

LELIE.

Quoy! chastier mes gens, n'est pas en ma puissance ?

LEANDRE.

Comment vos gens ?

MASCARILLE.

Encor! il va tout découvrir.

LELIE.

Quand j'aurois volonté de le battre à mourir,

C 6

Hé

Hé bien ? c'est mon valet ?

                    LEANDRE.

                           C'est maintenant le noſtre?

                  LELIE.

Le trait eſt admirable ! & comment donc le voſtre?
Sans doute......

                  MASCARILLE *bas.*

Doucement.

                    LELIE.

                      Hem , que veux-tu conter ?

                MASCARILLE *bas.*

Ah ? le double bourreau qui me va tout gaſter !
Et qui ne comprend rien quelq; ſigne qu'on donne.

                    LELIE.

Vous reſvez bien , Leandre , & me la baillez bonne.
Il n'eſt pas mon valet ?

                    LEANDRE.

                         Pour quelque mal commis,
Hors de voſtre ſervice il n'a pas eſté mis ?

                    LELIE.

Je ne ſçay ce que c'eſt.

                    LEANDRE.

                        Et plein de violence ,
Vous n'avez pas chargé ſon dos avec outrance ?

                  LELIE.

Point du tout. Moy ? l'avoir chaſſé , roüé de coups ?
Vous vous mocquez de moy , Leandre , ou luy de
    vous.

                MASCARILLE.

Pouſſe, pouſſe , bourreau , tu fais bien tes affaires.

                LEANDRE.

Donc les coups de baſtons ne ſont qu'imaginaires.

                MASCARILLE.

Il ne ſçait ce qu'il dit , ſa memoire......

                LEANDRE.

                          Non , non,
                             Tous

Tous ces signes pour toy ne disent rien de bon ;
Ouy , d'un tour delicat mon esprit te soupçonne ;
Mais , pour l'invention , va , je te le pardonne ;
C'est bien assez , pour moy , qu'il m'a desabusé ,
De voir par quels motifs tu m'avois imposé ,
Et que m'estant commis à ton zele hipocrite ,
A si bon compte encor je m'en sois trouvé quitte :
Cecy doit s'appeller un advis au lecteur.
Adieu , Lelie , adieu , tres-humble serviteur.

M A S C A R I L L E.

Courage, mon garçon, tout heur nous accompagne,
Mettons flamberge au vent , & bravoure en cam-
    pagne,
Faisons *l'Olibrius* , *l'occiseur d'innocens.*

L E A N D R E.

Il t'avoit accusé de discours médisans
Contre........

M A S C A R I L L E.

    Et vous ne pouviez souffrir mon artifice ?
Luy laisser son erreur , qui vous rendoit service ,
Et par qui son amour s'en estoit presque allé ?
Non , il a l'esprit franc , & point dissimulé :
Enfin , chez son rival je m'ancre avec adresse ,
Cette fourbe en mes mains va mettre sa maistresse ,
Il me la fait manquer avec de faux rapports :
Je veux de son rival allentir les transports ;
Mon brave incontinent vient qui le desabuse ,
J'ay beau luy faire signe , & montrer que c'est ruse ;
Point d'affaire , il poursuit sa pointe jusqu'au bout ,
Et n'est point satisfait qu'il n'ait découvert tout :
Grand & sublime effort d'une imaginative
Qui ne le cede point à personne qui vive !
C'est une rare piece ! & digne sur ma foy ,
Qu'on en fasse present au cabinet d'un Roy !

L E L I E.

Je ne m'estonne pas si je romps tes attentes ;

C 7

A moins

A moins d'eftre informé des chofes que tu tentes,
J'en ferois encor cent de la forte ?

M A S C A R I L L E.

Tant pis.

L E L I E.

Au moins , pour t'emporter à de juftes dépits,
Fay moy dans tes defleins entrer de quelque chofe ;
Mais que de leurs refforts la porte me foit claufe ,
C'eft ce qui fait tousjours que je fuis pris fans vert.

M A S C A R I L L E.

Je crois que vous feriez un maiftre d'Arme expert :
Vous fçavez à merveille en toutes advantures
Prendre les contretemps , & rompre les mefures.

L E L I E.

Puifque la chofe eft faite , il n'y faut plus penfer :
Mon rival en tout cas ne peut me traverfer ,
Et pourveu que tes foins en qui je me repofe.......

M A S C A R I L L E.

Laiffons-là ce difcours , & parlons d'autre chofe,
Je ne m'appaife pas , non, fi facilement ,
Je fuis trop en colere ; il faut premierement
Me rendre un bon office , & nous verrons en fuitte ,
Si je dois de vos feux reprendre la conduitte.

L E L I E.

S'il ne tient qu'à cela , je n'y refifte pas ;
As-tu befoin ? dis-moy , de mon fang ? de mes bras?

M A S C A R I L L E.

De quelle vifion fa cervelle eft frappée !
Vous eftes de l'humeur de ces amis d'efpée ,
Que l'on trouve tousjours plus prompts à dégainer ,
Qu'à tirer un tefton , s'il falloit le donner.

L E L I E.

Que puis-je donc pour toy ?

M A S C A R I L L E.

C'eft que de voftre pere

Il faut abfolument appaifer la colere.

L E-

L E L I E.

Nous avons fait la paix.

M A S C A R I L L E.

Ouy , mais non pas pour nous :
Je l'ay fait ce matin mort pour l'amour de vous ;
La viſion le choque , & de pareilles feintes
Aux vieillards , comme luy , font de dures atteintes,
Qui ſur l'eſtat prochain de leur condition ,
Leur font faire à regret triſte reflexion :
Le bon homme , tout vieux , cherit fort la lumiere,
Et ne veut point de jeu deſſus cette matiere ;
Il craint le pronoſtic , & contre moy faſché,
On m'a dit qu'en juſtice il m'avoit recherché :
J'ay peur , ſi le logis du Roy fait ma demeure,
De m'y trouver ſi bien dés le premier quart d'heure,
Que j'aye peine auſſi d'en ſortir par apres :
Contre moy dés long-temps on a force decrets ;
Car enfin , la vertu n'eſt jamais ſans envie,
Et dans ce maudit ſiecle , eſt touſjours pourſuivie.
Allez donc le fléchir.

L E L I E.

Ouy , nous le fléchirons ;
Mais auſſi tu promets.....

M A S C A R I L L E.

Ah ! mon Dieu , nous verrons.
Ma foy , prenons haleine apres tant de fatigues,
Ceſſons pour quelque temps le cours de nos intri-
          gues,
Et de nous tourmenter de meſme qu'un lutin :
Leandre , pour nous nuire , eſt hors de garde enfin,
Et Celie arreſtée avecque l'artifice......

SCENE V.

ERGASTE, MASCARILLE.

ERGASTE.

IE te cherchois par tout pour te rendre un service,
Pour te donner advis d'un secret important.

MASCARILLE.

Quoy donc ?

ERGASTE.

N'avons-nous point icy quelque écoutant?

MASCARILLE.

Non.

ERGASTE.

Nous sommes amis autant qu'on le peut estre ,
Je sçay bien tes desseins , & l'amour de ton maistre ;
Songez à vous tantost , Leandre fait party
Pour enlever Celie , & j'en suis adverty ,
Qu'il a mis ordre à tout , & qu'il se persuade
D'entrer chez Trufaldin par une mascarade ,
Aiant sceu qu'en ce temps , assez souvent le soir ,
Des femmes du Quartier en masque l'alloient voir.

MASCARILLE.

Ouy ! suffit ; il n'est pas au comble de sa joye ,
Je pourray bien tantost luy souffler cette proye;
Et contre cet assaut je sçais un coup fourré ,
Par qui je veux qu'il soit de luy-mesme enferré;
Il ne sçait pas les dons dont mon ame est pourveuë.
Adieu , nous boirons pinte à la premiere veuë.
Il faut , il faut tirer à nous ce que d'heureux
Pourroit avoir en soy ce projet amoureux,
Et par une surprise adroite , & non commune,
Sans courir le danger en tenter la fortune :
Si je vais me masquer pour devancer ses pas,
Leandre asseurément ne nous bravera pas ;

Et

Et là premier que luy ſi nous faiſons la priſe ,
Il aura fait pour nous les frais de l'entrepriſe ;
Puiſque par ſon deſſein deſja preſque eventé ,
Le ſoupçon tombera toûjours de ſon coſté ,
Et que nous à couvert de toutes ſes pourſuittes ,
De ce coup hazardeux ne craindrons point les ſuittes;
C'eſt ne ſe point commettre à faire de l'eclat ,
Et tirer les marrons de la patte du chat :
Allons donc nous maſquer avec quelques bons fre-
        res,
Pour prevenir nos gens , il ne faut tarder gueres ;
Je ſçais où giſt le lievre , & me puis ſans travail
Fournir en un moment d'hommes & d'attirail ;
Croyez que je mets bien mon adreſſe en uſage,
Si j'ay receu du Ciel les fourbes en partage ,
Je ne ſuis point au rang de ces eſprits mal nez ,
Qui cachent les talens que Dieu leur a donnez.

SCENE VI.

LELIE, ERGASTE.

LELIE.

IL pretend l'enlever avec ſa maſcarade?
ERGASTE.
Il n'eſt rien plus certain ; quelqu'un de ſa brigade ,
M'aiant de ce deſſein inſtruit , ſans m'arreſter ,
A Maſcarille lors j'ay couru tout conter,
Qui s'en va , m'a-t-il dit , rompre cette partie,
Par une invention deſſus le champ baſtie ;
Et comme je vous ay rencontré par hazard,
J'ay crû que je devois de tout vous faire part.
LELIE.
Tu m'obliges par trop avec cette nouvelle :
Va , je reconnoiſtray ce ſervice fidelle ;

MON

Mon drôle affeurément leur joura quelque trait :
Mais je veux de ma part feconder fon projet :
Il ne fera pas dit , qu'en un fait qui me touche ,
Je ne me fois non plus remué qu'une fouche ;
Voicy l'heure , ils feront furpris à mon afpect,
Foin , que n'ay-je avec moy pris mon porte-refpect;
Mais , vienne qui voudra contre noftre perfonne,
J'ay deux bons piftolets , & mon efpée eft bonne.
Holà , quelqu'un , un mot.

SCENE VII.

LELIE, TRUFALDIN.

TRUFALDIN.

Qu'eft-ce ? qui me vient voir?

LELIE.

Fermez foigneufement voftre porte ce foir.

TRUFALDIN.

Pourquoy ?

LELIE.

Certaines gens font une mafcarade,
Pour vous venir donner une fafcheufe aubade;
Ils veulent enlever voftre Celie.

TRUFALDIN.

O ! Dieux!

LELIE.

Et , fans doute bien-toft , ils viennent en ces lieux ;
Demeurez , vous pourrez voir tout de la feneftre :
Et bien ? qu'avois-je dit ? les voyez-vous paroiftre ?
Chut , je veux à vos yeux leur en faire l'affront ,
Nous allons voir beau jeu , fi la corde ne rompt.

SCENE VIII.

LELIE, TRUFALDIN, MASCARILLE *masqué*.

TRUFALDIN.

O! les plaisans robins qui pensent me surpren-
      dre!

LELIE.

Masques, où courrez vous? le pourroit-on aprendre?
Trufaldin, ouvrez-leur pour jouër un momon ;
Bon Dieu! qu'elle est jolie! & qu'elle a l'air mignon!
Et quoy ! vous murmurez! mais, sans vous faire ou-
      trage,
Peut-on lever le masque , & voir vostre visage?

TRUFALDIN.

Allez, fourbes méchans , retirez vous d'icy ,
Canaille:& vous,Seigneur,bon soir, & grand mercy.

LELIE.

Mascarille , est-ce toy ?

MASCARILLE.

            Nenny da , c'est quelqu'autre.

LELIE.

Helas ! quelle surprise ! & quel fort est le nostre !
L'aurois-je deviné n'estant point adverty
Des secrettes raisons qui l'avoient travesty !
Malheureux que je suis, d'avoir dessous ce masque,
Esté sans y penser te faire cette frasque !
Il me prendroit envie , en ce juste courroux,
De me battre moy-mesme,& me donner cent coups.

MASCARILLE.

Adieu , sublime esprit ; rare imaginative.

LELIE.

Las ! si de ton secours ta colere me prive,
A quel Saint me voûray-je ?

                              M A-

MASCARILLE.

Au grand diable d'Enfer.

LELIE.

Ah! si ton cœur pour moy n'est de bronze, ou de fer,
Qu'encore un coup, du moins, mon imprudence ait
        grace ;
S'il faut pour l'obtenir que tes genoux j'embrasse,
Voy moy.....

MASCARILLE.

Tarare, allons camarades , allons,
J'entends venir des gens qui sont sur nos talons.

SCENE IX.

LEANDRE masqué , & sa suitte ,
TRUFALDIN.

LEANDRE.

SAns bruit ;   ne faisons rien que de la bonne sorte.

TRUFALDIN.

Quoy ! masques toute nuit assiegeront ma porte !
Messieurs , ne gagnez point de rheumes à plaisir,
Tout cerveau qui le fait , est certes de loisir;
Il est un peu trop tard pour enlever Celie ,
Dispensez l'en ce soir , elle vous en supplie :
La belle est dans le lit , & ne peut vous parler ;
J'en suis fasché pour vous : Mais , pour vous regaler
Du soucy qui pour elle icy vous inquiette,
Elle vous fait present de cette cassoliette.

LEANDRE.

Fy , cela sent mauvais , & je suis tout gasté ;
Nous sommes découverts , tirons de ce costé.

Fin du troisième Acte.

ACTE

ACTE IV.

SCENE PREMIERE.

LELIE, MASCARILLE.

MASCARILLE.

Vous voilà fagotté d'une plaisante sorte.

LELIE.

Tu ranime par là mon esperance mor-
te.

MASCARILLE.

Tousjours de ma colere on me voit revenir ;
J'ay beau jurer, pester, je ne m'en puis tenir.

LELIE.

Aussi, croy, si jamais je suis dans la puissance,
Que tu seras content de ma reconnoissance ;
Et, que, quand je n'aurois qu'un seul morceau de
     pain......

MASCARILLE.

Baste, songez à vous, dans ce nouveau dessein ;
Au moins, si l'on vous voit commettre une sot-
     tise,
Vous n'imputerez plus l'erreur à la surprise,
Vostre rôle en ce jeu par cœur doit estre sceu.

LELIE.

Mais comment Trufaldin chez luy t'a-t-il receu ?

MASCARILLE.

D'un zele simulé j'ay bridé le bon sire ;
Avec empressement je suis venu luy dire,
S'il ne songeoit à luy, que l'on le surprendroit,
Que l'on couchoit en joüé, & de plus d'un endroit,
Celle, dont il a veu, qu'une lettre en advance,
Avoit si faussement divulgué la naissance ;
Qu'on avoit bien voulu m'y mesler quelque peu ;
                                        Mais

Mais que j'avois tiré mon épingle du jeu :
Et que, touché d'ardeur pour ce qui le regarde,
Je venois l'avertir de se donner de garde.
De là, moralisant, j'ay fait de grands discours,
Sur les fourbes qu'on voit icy bas tous les jours;
Que, pour moy, las du monde, & de sa vie infame,
Je voulois travailler au salut de mon ame;
A m'esloigner du trouble, & pouvoir longuement
Prés de quelq; honneste homme estre paisiblement:
Que s'il le trouvoit bon, je n'aurois d'autre envie,
Que de passer chez luy le reste de ma vie;
Et que mesme à tel point il m'avoit sceu ravir,
Que sans luy demander gages pour le servir,
Je mettrois en ses mains, que je tenois certaines,
Quelque bien de mon pere, & le fruit de mes peines.
Dont, advenant que Dieu de ce monde m'ostast,
J'entendois tout de bon que luy seul heritast.
C'estoit le vray moyen d'acquerir sa tendresse,
Et, comme pour resoudre avec vostre maistresse ;
Des biais qu'on doit prendre à terminer vos vœux,
Je voulois en secret vous aboucher tous deux,
Luy-mesme a sceu m'ouvrir une voye assez belle,
De pouvoir hautement vous loger avec elle,
Venant m'entretenir d'un fils privé du jour,
Dont cette nuit en songe il a veu le retour :
A ce propos, voicy l'histoire qu'il m'a ditte,
Et sur qui j'ay tantost nostre fourbe construitte.

L E L I E.

C'est assez, je sçais tout : tu me l'as dit deux fois.

M A S C A R I L L E.

Ouy, ouy ; mais, quand j'aurois passé jusques à trois,
Peut-estre encor qu'avec toute sa suffisance,
Vostre esprit manquera dans quelque circonstance.

L E L I E.

Mais, à tant differer je me fais de l'effort.

M A-

MASCARILLE.

Ah ! de peur de tomber, ne courons pas si fort.
Voyez-vous ? vous avez la caboche un peu dure :
Rendez-vous affermy dessus cette advanture.
Autrefois Trufaldin de Naples est sorty,
Et s'appelloit alors *Zanobio Ruberty* :
Un party qui causa quelque esmeute civile,
Dont il fut seulement soupçonné dans sa ville,
De fait, il n'est pas homme à troubler un Estat,
L'obligea d'en sortir une nuit sans éclat.
Une fille fort jeune, & sa femme laissées,
A quelque temps de là se trouvant trespassées,
Il en eut la nouvelle, & dans ce grand ennuy,
Voulant dans quelque ville emmener avec luy,
Outre ses biens, l'espoir qui restoit de sa race,
Un sien fils escolier, qui se nommoit Horace;
Il écrit à Bologne, où pour mieux estre instruit,
Un certain maistre Albert jeune l'avoit conduit;
Mais pour se joindre tous, le rendez-vous qu'il
    donne,
Durant deux ans entiers, ne luy fit voir personne :
Si bien, que les jugeant morts apres ce temps-là,
Il vint en cette ville, & prit le nom qu'il a ;
Sans que de cet Albert, ny de ce fils Horace,
Douze ans ayent découvert jamais la moindre trace.
Voila l'histoire en gros reditte seulement,
Afin de vous servir icy de fondement.
Maintenant vous serez un Marchand d'Armenie,
Qui les aurez veu sains l'un & l'autre en Turquie.
Si j'ay plustost qu'aucun, un tel moyen trouvé,
Pour les ressusciter sur ce qu'il a resvé;
C'est qu'en fait d'avanture, il est tres-ordinaire,
De voir gens pris sur mer par quelque Turc Corsaire,
Puis estre à leur famille à point nommé rendus,
Apres quinze ou vingt ans qu'on les a crû perdus.
Pour moy, j'ay veu desja cent contes de la sorte.

Sans

Sans nous alambiquer, servons nous en, qu'importe?
Vous leur aurez ouï leur disgrace conter ;
Et leur aurez fourny dequoy se racheter.
Mais que party plustost, pour chose necessaire,
Horace vous chargea de voir icy son pere,
Dont il a sceu le sort , & chez qui vous devez
Attendre quelques jours qu'ils seroient arrivez;
Je vous ay fait tantost des leçons estenduës.

L E L I E.

Ces repetitions ne sont que superfluës.
Dés l'abord mon esprit a compris tout le fait.

M A S C A R I L L E.

Je m'en vais là dedans donner le premier trait.

L E L I E.

Escoute, Mascarille, un seul point me chagrine,
S'il alloit de son fils me demander la mine ?

M A S C A R I L L E.

Belle difficulté ! devez-vous pas sçavoir
Qu'il estoit fort petit alors qu'il l'a pû voir ;
Et puis , outre cela , le temps & l'esclavage,
Pourroient-ils pas avoir changé tout son visage?

L E L I E.

Il est vray; mais dy moy , s'il connoit qu'il m'a veu,
Que faire ?

M A S C A R I L L E.

   De memoire estes-vous depourveu ?
Nous avons dit tantost , qu'outre que vostre image
N'avoit dans son esprit pû faire qu'un passage,
Pour ne vous avoir veu que durant un moment,
Et le poil & l'habit deguisoient grandement.

L E L I E.

Fort bien : mais, à propos, cet endroit de Turquie?...

M A S C A R I L L E.

Tout , vous dis-je , est égal , Turquie, ou Barbarie.

L E L I E.

Mais, le nom de la ville où j'auray pû les voir ?

M A

MASCARILLE.

Thunis. Il me tiendra, je croy jusques au soir:
La repetition, dit-il, est inutile,
Et j'ay desja nommé douze fois cette ville.

LELIE.

Va, va-t'en commencer, il ne me faut plus rien.

MASCARILLE.

Au moins, soyez prudent, & vous conduisez bien;
Ne donnez point icy de l'imaginative.

LELIE.

Laisse moy gouverner : que ton ame est craintive!

MASCARILLE.

Horace dans Bologne Escolier; Trufaldin
Zanobio Ruberty, dans Naples Citadin ;
Le Precepteur Albert......

LELIE.

        Ah ! c'est me faire honte,
Que de me tant prescher; suis-je un sot à ton conte ?

MASCARILLE.

Non pas du tout; mais bien quelque chose aprochant.

LELIE seul.

Quand il m'est inutile, il fait le chien couchant :
Mais, parce qu'il sent bien le secours qu'il me donne,
Sa familiarité jusques là s'abandonne.
Je vais estre de prés éclairé des beaux yeux,
Dont la force m'impose un joug si precieux;
Je m'en vais sans obstacle, avec des traits de flâme,
Peindre à cette beauté les tourmens de mon ame;
Je sçauray quel arrest je dois..... mais les voicy.

SCENE II.

TRUFALDIN, LELIE,
MASCARILLE.

TRUFALDIN.

SOis beny , juste Ciel ! de mon sort adoucy.
MASCARILLE.
C'est à vous de resver , & de faire des songes,
Puis qu'en vous , il est faux , que songes sont men-
   songes.
TRUFALDIN.
Quelle grace , quels biens , vous rendray-je , Sei-
   gneur ?
Vous,que je dois nommer l'Ange de mon bon-heur.
LELIE.
Ce sont soins superflus , & je vous en dispense.
TRUFALDIN.
J'ay , je ne sçay pas où , vû quelque ressemblance
De cet Armenien.
MASCARILLE.
                   C'est ce que je disois :
Mais on voit des rapports admirables par fois.
TRUFALDIN.
Vous avez veu ce fils où mon espoir se fonde?
LELIE.
Ouy , Seigneur Trufaldin, le plus gaillard du monde.
TRUFALDIN.
Il vous a dit sa vie , & parlé fort de moy ?
LELIE.
Plus de dix mille fois.
MASCARILLE.
                Quelque peu moins , je croy.
LELIE.
Il vous a dépeint tel que je vous voy paroistre,

                           Le

Le visage, le port....
                    TRUFALDIN.
                    Cela pourroit-il estre?
Si lors qu'il m'a pû voir il n'avoit que sept ans?
Et si son precepteur, mesme depuis ce temps,
Auroit peine à pouvoir connoistre mon visage?
                    MASCARILLE.
Le sang bien autrement conserve cette image;
Par des traits si profonds, ce portrait est tracé,
Que mon pere.....
                    TRUFALDIN.
                    Suffit. Où l'avez-vous laissé?
                    LELIE.
En Turquie, à Thurin.
                    TRUFALDIN.
                    Turin? mais cette ville
Est, je pense, en Piedmont.
                    MASCARILLE.
                    O! cerveau mal-habile!
Vous ne l'entendez pas, il veut dire Thunis,
Et c'est en effet là qu'il laissa vostre fils:
Mais les Armeniens ont tous une habitude,
Certain vice de langue à nous autres fort rude;
C'est que dans tous les mots, ils changent nis en ria
Et pour dire Thunis, ils prononcent Thurin.
                    TRUFALDIN.
Il falloit pour l'entendre avoir cette lumiere.
Quel moyen vous dit-il de rencontrer son pere?
                    MASCARILLE.
Voyez s'il répondra. Je repassois un peu
Quelque leçon d'escrime; autrefois en ce jeu
Il n'estoit point d'adresse à mon adresse égale,
Et j'ay battu le fer en mainte & mainte salle.
                    TRUFALDIN.
Ce n'est pas maintenant ce que je veux sçavoir.
Quel autre nom, dit-il, que je devois avoir?
                    D 2   MA-

MASCARILLE.

Ah ! Seigneur Zanobio Ruberty , quelle joye
Est celle maintenant que le Ciel vous envoye !

LELIE.

C'est là voftre vray nom , & l'autre eft emprunté,

TRUFALDIN.

Mais , où vous a-t-il dit qu'il receut la clarté?

MASCARILLE.

Naples eft un fejour qui paroift agreable :
Mais , pour vous, ce doit eftre un lieu fort haïffable.

TRUFALDIN.

Ne peux-tu fans parler , fouffrir noftre difcours ?

LELIE.

Dans Naples fon deftin a commencé fon cours.

TRUFALDIN.

Où l'envoyay-je jeune ? & fous quelle conduitte?

MASCARILLE.

Ce pauvre maiftre Albert a beaucoup de merite ,
D'avoir depuis Bologne accompagné ce fils,
Qu'à fa difcretion vos foins avoient commis.

TRUFALDIN.

Ah !

MASCARILLE.

Nous fommes perdus , fi cet entretien dure.

TRUFALDIN.

Je voudrois bien fçavoir de vous leur advanture ;
Sur quel vaiffeau le fort qui m'a fceu travailler.....

MASCARILLE.

Je ne fçay ce que c'eft, je ne fay que baailler ;
Mais , Seigneur Trufaldin, fongez-vous que peut-
    eftre ,
Ce Monfieur l'eftranger a befoin de repaiftre?
Et qu'il eft tard auffi ?

LELIE.

Pour moy , point de repas.

MA-

MASCARILLE.

Ah ! vous avez plus faim que vous ne penfez pas.

TRUFALDIN.

Entrez donc.

LELIE.

Apres vous.

MASCARILLE.

Monfieur , en Armenie ,
Les maiftres du logis font fans ceremonie.
Pauvre efprit ! pas deux mots !

LELIE.

D'abord il m'a furpris ,
Mais n'aprehende plus , je reprends mes efprits ,
Et m'en vais debiter avecque hardieffe.....

MASCARILLE.

Voicy noftre rival qui ne fçait pas la piece.

SCENE III.

LEANDRE, ANSELME.

ANSELME.

AReftez-vous, Leandre, & fouffrez un difcours,
Qui cherche le repos & l'honneur de vos jours :
Je ne vous parle point en pere de ma fille ,
En homme intereffe pour ma propre famille ;
Mais comme voftre pere émû pour voftre bien ,
Sans vouloir vous flatter , & vous déguifer rien ;
Bref, comme je voudrois, d'une ame franche &
    pure,
Que l'on fift à mon fang , en pareille advanture.
Sçavez-vous de quel œil chacun voit cet amour,
Qui dedans une nuit vient d'éclater au jour ?
A combien de difcours , & de traits de rifée ,
Voftre entreprife d'hier eft par tout expofée ?
Quel jugement on fait du choix capricieux ,

Qui pour femme , dit-on , vous deſigne en ces lieux?
Un rebut de l'Egypte , une fille coureuſe ,
De qui le noble employ , n'eſt qu'un meſtier de
    gueuſe.
J'en ay rougy pour vous , encor plus que pour moy ,
Qui me trouve compris dans l'éclat que je voy ,
Moy , dis-je , dont la fille à vos ardeurs promiſe ,
Ne peut ſans quelque affront ſouffrir qu'on la mé-
    priſe.
Ah ! Leandre , ſortez de cet abaiſſement ;
Ouvrez un peu les yeux ſur voſtre aveuglement :
Si noſtre eſprit n'eſt pas ſage à toutes les heures ,
Les plus courtes erreurs ſont touſjours les meilleu-
    res.
Quand on ne prend en dot que la ſeule beauté ,
Le remords eſt bien prés de la ſolemnité ,
Et la plus belle femme a tres-peu de deffence
Contre cette tiedeur qui ſuit la jouiſſance :
Je vous le dis encor , ces bouillans mouvements,
Ces ardeurs de jeuneſſe , & ces emportements,
Nous font trouver d'abord quelques nuits agreables :
Mais ces felicitez ne ſont gueres durables ,
Et noſtre paſſion allentiſſant ſon cours,
Apres ces bonnes nuits donnent de mauvais jours.
De là viennent les ſoins , les ſoucis , les miſeres,
Les fils desheritez par le courroux des peres.

LEANDRE.

Dans tout voſtre diſcours , je n'ay rien écouté ,
Que mon eſprit desja ne m'ait repreſenté.
Je ſçay combien je dois à cet honneur inſigne.
Que vous me voulez faire , & dont je ſuis indigne ;
Et vois , malgré l'effort dont je ſuis combattu,
Ce que vaut voſtre fille , & quelle eſt ſa vertu :
Auſſi veux-je taſcher…..

ANSELME.

                    On ouvre cette porte,
                                Reti-

Retirons-nous plus loin, de crainte qu'il n'en forte
Quelque secret poison dont vous feriez furpris.

SCENE IV.

LELIE, MASCARILLE.

MASCARILLE.

B Ien-toft de noftre fourbe on verra le debris,
   Si vous continuez des fottifes fi grandes.

LELIE.

Dois-je eternellement ouïr tes reprimandes?
De quoy te peux-tu plaindre ? ay-je pas reüffi
En tout ce que j'ay dit depuis......

MASCARILLE.

Couffi, couffi ;
Témoin les Turcs par vous appellez heretiques,
Et que vous affeurez , par ferments autentiques ,
Adorer pour leurs Dieux la Lune & le Soleil.
Paffe : ce qui me donne un dépit nompareil,
C'eft , qu'icy voftre amour étrangement s'oublie
Prés de Celie ; il eft ainfi que la bouillie ,
Qui par un trop grand feu s'enfle , croit jufqu'aux
     bords,
Et de tous les coftez fe répand au dehors.

LELIE.

Pourroit-on fe forcer à plus de retenuë !
Je ne l'ay prefque point encore entretenuë.

MASCARILLE.

Ouy, mais ce n'eft pas tout que de ne parler pas ;
Par vos geftes , durant un moment de repas,
Vous avez aux foupçons donné plus de matiere ,
Que d'autres ne feroient dans une année entiere.

LELIE.

Et comment donc ?

MASCARILLE.

                    Comment ? chacun a pû le voir.
A table, où Trufaldin l'oblige de se seoir,
Vous n'avez tousjours fait qu'avoir les yeux sur elle ;
Rouge, tout interdit, joüant de la prunelle,
Sans prendre jamais garde à ce qu'on vous servoit,
Vous n'aviez point de soif qu'alors qu'elle beuvoit ;
Et dans ses propres mains vous saisissant du verre,
Sans le vouloir rinser, sans rien jetter à terre,
Vous beuviez sur son reste, & montriez d'affecter
Le costé qu'à sa bouche elle avoit sceu porter.
Sur les morceaux touchez de sa main delicate,
Ou mordus de ses dents, vous estendiez la patte
Plus brusquement qu'un chat dessus une souris,
Et les avaliez tout ainsi que des pois gris.
Puis outre tout cela, vous faisiez sous la table,
Un bruit, un triquetrac de piéds insuportable ;
Dont Trufaldin heurté de deux coups trop pressans,
A puny par deux fois, deux chiens tres-innocens,
Qui, s'ils eussent osé, vous eussent fait querelle :
Et, puis apres cela vostre conduitte est belle ?
Pour moy, j'en ay souffert la gesne sur mon corps ;
Malgré le froid, je suë encor de mes efforts ;
Attaché dessus vous, comme un joüeur de boule,
Apres le mouvement de la sienne qui roule,
Je pensois retenir toutes vos actions,
En faisant de mon corps mille contorsions.
LELIE.

Mon Dieu ! qu'il t'est aisé de condamner des choses,
Dont tu ne ressens point les agreables causes !
Je veux bien neantmoins, pour te plaire une fois,
Faire force à l'amour qui m'impose des loix :
Desormais......

SCE-

SCENE V.

LELIE, MASCARILLE, TRUFALDIN.

MASCARILLE.

Nous parlions des fortunes d'Horace.
TRUFALDIN.
C'eſt bien fait. Cependant me ferez vous la grace
Que je puiſſe luy dire un ſeul mot en ſecret ?
LELIE.
Il faudroit autrement eſtre fort indiſcret.
TRUFALDIN.
Eſcoute, ſçais-tu bien ce que je viens de faire ?
MASCARILLE.
Non, mais ſi vous voulez je ne tarderay guere,
Sans doute, à le ſçavoir.
TRUFALDIN.
     D'un cheſne grand & fort,
Dont prés de deux cents ans ont fait desja le ſort,
Je viens de détacher une branche admirable,
Choiſie expreſſement, de groſſeur raiſonnable,
Dont j'ay fait ſur le champ avec beaucoup d'ardeur,
Un baſton à peu prés..... ouy, de cette grandeur ;
Moins gros par l'un des bouts, mais plus que trente gaules
Propre, comme je penſe, à roſſer les eſpaules ;
Car il eſt bien en main, vert, nouëux & maſſif.
MASCARILLE.
Mais, pour qui, je vous prie, un tel preparatif ?
TRUFALDIN.
Pour toy premierement, puis pour ce bon apoſtre,
Qui veut m'en donner d'une, & m'en jouër d'un autre :

D 5

Pour

Pour cet Armenien, ce Marchand déguisé,
Introduit fous l'appas d'un conte fuppofé.

MASCARILLE.

Quoy ? vous ne croyez pas ? ......

TRUFALDIN.

Ne cherche point d'excufe,.
Luy-mefme heureufement a découvert fa rufe,
Et difant à Celie, en luy ferrant la main,
Que pour elle il venoit fous ce pretexte vain :
Il n'a pas aperceu Jeannette ma fillole,
Laquelle a tout ouï parole pour parole;
Et je ne doute point, quoy qu'il n'en ait rien dit,
Que tu ne fois de tout le complice maudit.

MASCARILLE.

Ah ! vous me faites tort, s'il faut qu'on vous affronte,
Croyez qu'il m'a trompé le premier à ce conte.

TRUFALDIN.

Veux-tu me faire voir que tu dis verité ?
Qu'à le chaffer mon bras foit du tien affifté ;
Donnons-en à ce fourbe, & du long, & du large,
Et de tout crime apres mon efprit te décharge.
Ouy-da, tres-volontiers, je l'efpoufteray bien,
Et par là vous verrez que je n'y trempe en rien.
Ah ! vous ferez roffé, Monfieur de l'Armenie,
Qui tousjours gaftez tout.

SCENE VI.

LELIE, TRUFALDIN, MASCARILLE.

TRUFALDIN.

Vn mot, je vous suplie.
Donc, Monfieur l'impofteur, vous ofez aujourduy
Dupper un honnefte homme, & vous jouër de luy ?

MASCARILLE.

Feindre avoir veu fon fils en une autre contrée,
Pour vous donner chez luy, plus aifément entrée.

TRUFALDIN.

Vuidons, vuidons fur l'heure.

LELIE.

Ah coquin !

MASCARILLE.

C'eft ainfi
Que les fourbes.....

LELIE.

Bourreau !

MASCARILLE.

Sont ajuftez icy.
Garde-moy bien cela.

LELIE.

Quoy donc ? je ferois homme.....

MASCARILLE.

Tirez, tirez, vous-dis-je, ou bien je vous affomme.

TRUFALDIN.

Voilà qui me plaift fort ; rentre, je fuis content.

LELIE.

A moy ! par un valet cet affront éclattant !
L'auroit-on pû prevoir l'action de ce traiftre !
Qui vient infolemment de mal-traiter fon maiftre.

MASCARILLE.

Peut-on vous demander comme va voſtre dos ?

LELIE.

Quoy ? tu m'oſes encor tenir un tel propos ?

MASCARILLE.

Voilà , voilà que c'eſt , de ne voir pas Jeannette ,
Et d'avoir en tout temps une langue indiſcrette ;
Mais pour cette fois-cy , je n'ay point de courroux ,
Je ceſſe d'éclatter, de peſter contre vous ;
Quoy que de l'action l'imprudence ſoit haute ,
Ma main ſur voſtre eſchine a lavé voſtre faute.

LELIE.

Ah ! je me vengeray de ce trait déloyal.

MASCARILLE.

Vous vous eſtes cauſé vous-meſine tout le mal.

LELIE.

Moy !

MASCARILLE.

          Si vous n'eſtiez pas une cervelle folle ,
Quand vous avez parlé n'aguere à voſtre idole ,
Vous auriez aperceu Jeannette ſur vos pas ,
Dont l'oreille ſubtile a découvert le cas.

LELIE.

On auroit pû ſurprendre un mot dit à Celie !

MASCARILLE.

Et d'où donçques viendroit cette prompte ſortie?
Ouy , vous n'eſtes dehors que par voſtre caquet ;
Je ne ſçay ſi ſouvent vous jouëz au piquet ;
Mais, au moins, faites-vous des écarts admirables.

LELIE.

O ! le plus malheureux de tous les miſerables !
Mais encore , pourquoy me voir chaſſé par toy ?

MASCARILLE.

Je ne fis jamais mieux que d'en prendre l'employ ;
Par là j'empeſche au moins que de cet artifice
Je ne ſois ſoupçonné d'eſtre auteur ou complice.

LELIE.
Tu devois donc, pour toy, frapper plus doucement.
MASCARILLE.
Quelque fot, Trufaldin lorgnoit exactement.
Et puis je vous diray, fous ce pretexte utile ,
Je n'eftois point fafché d'evaporer ma bile :
Enfin la chofe eft faitte , & fi j'ay voftre foy ,
Qu'on ne vous verra point vouloir venger fur moy;
Soit, ou directement, ou par quelqu'autre voye,
Les coups fur voftre rable aflenez avec joyé ,
Je vous promets aydé par le pofte où je fuis,
De contenter vos vœux avant qu'il foit deux nuits.
LELIE.
Quoy que ton traitement ait eu trop de rudeffe ,
Qu'eft-ce que deffus moy ne peut cette promeffe ?
MASCARILLE.
Vous le promettez donc ?
LELIE.
Ouy, je te le promets.
MASCARILLE.
Ce n'eft pas encor tout, promettez que jamais
Vous ne vous mélerez dans quoy que j'entreprenne.
LELIE.
Soit.
MASCARILLE.
Si vous y manquez, voftre fiévre quartaine.
LELIE.
Mais tiens moy donc parole , & fonge à mon repos.
MASCARILLE.
Allez quitter l'habit, & graiffer voftre dos.
LELIE.
Faut-il que le malheur qui me fuit à la trace ,
Me faffe voir tousjours difgrace fur difgrace ?
MASCARILLE.
Quoy! vous n'eftes pas loin! fortez vifte d'icy ;
Mais, fur tout, gardez-vous de prendre aucun foucy :

Puisque je fais pour vous, que cela vous suffise ;
N'aydez point mon projet de la moindre entrepri-
　　se....
Demeurez en repos.

L E L I E.

　　　　　　Ouy, va, je m'y tiendray.

M A S C A R I L L E.

Il faut voir maintenant quel biais je prendray.

S C E N E VII.

ERGASTE, MASCARILLE.

E R G A S T E.

MAscarille, je viens te dire une nouvelle ,
　Qui donne à tes desseins une atteinte cruelle ;
A l'heure que je parle, un jeune Egyptien ,
Qui n'est pas noir pourtant, & sent assez son bien ;
Arrive accompagné d'une vieille fort have ,
Et vient chez Trufaldin rachetter cette esclave
Que vous vouliez. Pour elle, il paroist fort zelé.

M A S C A R I L L E.

Sans doute, c'est l'amant dont Celie a parlé.
Fut-il jamais destin plus brouillé que le nostre !
Sortant d'un embarras, nous entrons dans un autre.
En vain nous apprenons que Leandre est au point
De quitter la partie, & ne nous troubler point ;
Que son pere arrivé contre toute esperance ,
Du costé d'Hypolite emporte la balance ;
Qu'il a tout fait changer par son autorité ,
Et va dés aujourd'huy conclurre le traitté ;
Lors qu'un rival s'éloigne , un autre plus funeste
S'en vient nous enlever tout l'espoir qui nous reste :
Toutefois , par un trait merveilleux de mon art ,
Je croy que je pourray retarder leur depart ,
Et me donner le temps qui sera necessaire ,

Pour

Pour tacher de finir cette fameuse affaire.
Il s'est fait un grand vol, par qui, l'on n'en sçait rien;
Eux autres rarement passent pour gens de bien :
Je veux adroitement sur un soupçon frivole,
Faire pour quelques jours emprisonner ce drole ;
Je sçay des Officiers de justice alterez,
Qui sont pour de tels coups de vrais deliberez :
Dessus l'avide espoir de quelque paraguante,
Il n'est rien que leur art aveuglement ne tente,
Et du plus innocent, tousjours à leur profit
La bourse est criminelle, & paye son delit.

Fin du quatriéme Acte.

ACTE V.

SCENE PREMIERE.

MASCARILLE, ERGASTE.

MASCARILLE.

AH chien ! ah double chien ! mâtine de cervelle,
Ta persecution sera-t-elle eternelle ?

ERGASTE.

Par les soins vigilans de l'Exempt bala-
fré,
Ton affaire alloit bien, le drôle estoit cofré,
Si ton maistre au moment ne fut venu luy-mesme,
En vray desesperé rompre ton stratageme :
Je ne sçaurois souffrir, a t il dit hautement,
Qu'un honneste homme soit traisné honteusement ;
J'en répons sur sa mine, & je le cautionne :
Et comme on resistoit à lâcher sa personne,

D'abord

D'abord il a chargé si bien su les recorps,
Qui font gens d'ordinaire à craindre pour leurs
     corps,
Qu'à l'heure que je parle ils font encore en fuite,
Et penfent tous avoir un Lelie à leur fuite.
               MASCARILLE.
Le traiftre ne fçait pas que cét Egyptien,
Eft desja là dedans pour luy ravir fon bien.
               ERGASTE.
Adieu, certaine affaire à te quitter m'oblige.
               MASCARILLE.
Ouy, je fuis ftupefait de ce dernier prodige;
On diroit, & pour moy, j'en fuis perfuadé,
Que ce demon brouillon, dont il eft poffedé,
Se plaife à me braver, & me l'aille conduire
Par tout où fa prefence eft capable de nuire.
Pourtant, je veux pourfuivre, & malgré tous ces
     coups,
Voir qui l'emportera de ce diable, ou de nous:
Celie eft quelque peu de noftre intelligence,
Et ne voit fon depart qu'avecque repugnance;
Je tafche à profiter de cette occafion:
Mais ils viennent; fongeons à l'execution.
Cette maifon meublée eft en ma bien-feance,
Je puis en difpofer avec grande licence;
Si le fort nous en dit, tout fera bien reglé,
Nul que moy ne s'y tient, & j'en garde la clé.
O! Dieu, qu'en peu de temps on a veu d'advantures!
Et qu'un fourbe eft contraint de prendre de figures.

S C E-

SCENE II.

CELIE, ANDRES.

ANDRES.

VOus le sçavez, Celie, il n'est rien que mon cœur
   N'ait fait , pour vous prouver l'excez de son
      ardeur ;
Chez les Venitiens, dés un assez jeune âge,
La guerre en quelque estime avoit mis mon cou-
      rage ,
Et j'y pouvois un jour , sans trop croire de moy ,
Pretendre en les servant , un honorable employ :
Lorsqu'on me vit pour vous oublier toute chose ,
Et que le prompt effet d'une Metamorphose ,
Qui suivit de mon cœur le soudain changement ,
Parmy vos compagnons, sceut ranger vostre Amant,
Sans que mille accidents, ny vostre indifferance ,
Ayent pû me détacher de ma perseverance :
Depuis, par un hazard , d'avec vous separé ,
Pour beaucoup plus de temps que je n'eusse auguré ,
Je n'ay pour vous rejoindre épargné temps ny pei-
      ne :
Enfin, ayant trouvé la vieille Egyptienne ,
Et plein d'impatience, aprenant vostre sort ,
Que pour certain argent qui leur importoit fort ,
Et qui de tous vos gens détourna le naufrage ,
Vous aviez en ces lieux esté mise en ostage :
J'accours viste y briser ces chaînes d'interest ,
Et recevoir de vous les ordres qu'il vous plaist :
Cependant on vous voit une morne tristesse ,
Alors que dans vos yeux doit briller l'allegresse ;
Si pour vous la retraitte avoit quelques appas ,
Venise, du butin fait parmy les combats ,
Me garde pour tous deux, dequoy pouvoir y vivre.
                                             Que

Que si, comme devant, il vous faut encore suivre,
J'y consens, & mon cœur n'ambitionnera
Que d'estre auprés de vous tout ce qu'il vous plaira.

CELIE.

Vostre zele, pour moy, visiblement éclate ;
Pour en paroistre triste, il faudroit estre ingrate ;
Et mon visage aussi par son émotion,
N'explique point mon cœur en cette occasion ;
Une douleur de teste y peint sa violence,
Et, si j'avois sur vous quelque peu de puissance,
Nostre voyage, au moins, pour trois ou quatre jours,
Attendroit que ce mal eust pris un autre cours.

ANDRES.

Autant que vous voudrez, faites qu'il se differe,
Toutes mes volontez ne buttent qu'à vous plaire ;
Cherchons une maison à vous mettre en repos,
L'escriteau que voicy s'offre tout à propos.

SCENE III.

MASCARILLE, CELIE, ANDRES.

ANDRES.

SEigneur Suisse, estes-vous de ce logis le maistre ?

MASCARILLE.

Moy, pour serfir à fous.

ANDRES.

Pourrons-nous y bien estre ?

MASCARILLE.

Ouy, moy pour d'estrancher chappon champre garny ;
Mais ché non point locher te gent te meschant vy.

ANDRES.

Je croy vostre maison franche de tout ombrage.

MASCARILLE.

Fous nouviau dant sti fil, moy foir à la fissage.

AN-

Ouy.

M A S C A R I L L E.
La Matame eft-il mariage al Montfieur ?
A N D R E S.

Quoy ?

M A S C A R I L L E.
S'il eftre fon fame, ou s'il eftre fon fœur ?
A N D R E S.

Non.

M A S C A R I L L E.
Mon foy, pien choly: finir pour marchandiffe,
Ou pien pour tementer à la palais chouftice ?
La procez, il fault rien, il couſter tant tarchant,
La procurrair larron, la focat pien meſchant.
A N D R E S.
Ce n'eſt pas pour cela.
M A S C A R I L L E.
Fous tonc mener ſti file,
Pour fenir pourmener, & recarter la file ?
A N D R E S.
Il n'importe. Je fuis à vous dans un moment,
Je vay faire venir la vieille promptement;
Contremander auffi noftre voiture prefte.
M A S C A R I L L E.
Ly ne porte pas pien ?
A N D R E S.
Elle a mal à la tefte.
M A S C A R I L L E.
Moy, chavoir de pon fin, & de fromage pon;
Entre fous, entre fous, dans mon petit maiſſon.

S C E-

SCENE IV.
LELIE, ANDRES.

LELIE.

QUel que soit le transport d'une ame impatiente,
Ma parole m'engage a rester en attente ;
A laisser faire un autre, & voir sans rien oser,
Comme de mes destins le Ciel veut disposer.
Demandiez-vous quelqu'un dedans cette demeure ?

ANDRES.

C'est un logis garny que j'ay pris tout à l'heure.

LELIE.

A mon pere pourtant, la maison appartient,
Et mon valet la nuit, pour la garder s'y tient.

ANDRES.

Je ne sçay, l'escriteau marque au moins qu'on la
          louë :
Lisez.

LELIE.

          Certes, cecy me surprend, je l'advouë ;
Qui diantre l'auroit mis ? & par quel interest ?....
Ah ! ma foy, je devine à peu prés ce que c'est :
Cela ne peut venir que de ce que j'augure.

ANDRES.

Peut-on vous demander quelle est cette advanture ?

LELIE.

Je voudrois à tout autre en faire un grand secret ;
Mais pour vous, il n'importe, & vous serez discret ;
Sans doute, l'escriteau que vous voyez paroistre,
Comme je conjecture, au moins ne sçauroit estre,
Que quelque invention du valet que je dy,
Que quelque nœud subtil qu'il doit avoir ourdy,
Pour mettre en mon pouvoir certaine Egyptienne,
Dont j'ay l'ame piquée, & qu'il faut que j'obtienne :

                                        Je

Je l'ay desja manquée , & mesme plusieurs coups.
ANDRES.
Vous l'appellés ?
LELIE.
Celie.
ANDRES.
Hé ! que ne disiez-vous!
Vous n'aviez qu'à parler; je vous aurois sans doute
Espargné tous les soins que ce projet vous couste.
LELIE.
Quoy! vous la connoissez ?
ANDRES.
C'est moy, qui maintenant
Viens de la racheter.
LELIE.
O! discours surprenant!
ANDRES.
Sa santé de partir ne nous pouvant permettre ,
Au logis que voila je venois de la mettre ;
Et je suis tres-ravy dans cette occasion ,
Que vous m'ayez instruit de vostre intention.
LELIE.
Quoy? j'obtiendrois de vous le bonheur que j'espere?
Vous pourriez ?....
ANDRES.
Tout à l'heure on va vous satisfaire.
LELIE.
Que pourray-je vous dire? & quel remerciment?.....
ANDRES.
Non, ne m'en faites point, je n'en veux nullement.

S C E-

SCENE V.

MASCARILLE, LELIE, ANDRES.

MASCARILLE.

ET bien ! ne voila pas mon enragé de maiftre !
Il nous va faire encor quelque nouveau bifleftre.

LELIE.

Sous ce crotefque habit, qui l'auroit reconnu ?
Aproche, Mafcarille, & fois le bien venu.

MASCARILLE.

Moy fouis ein chant honneur , moy non point Ma-
  querille ,
Chay point fentre chamais le fame ny le file.

LELIE.

Le plaifant baragouin! il eft bon , fur ma foy.

MASCARILLE.

Alle fous pourmener, fans toy rire te moy.

LELIE.

Va, va, leve le mafque, & reconnoy ton maiftre.

MASCARILLE.

Partieu, tiable, mon foy jamais toy chay connoiftre.

LELIE.

Tout eft accommodé, ne te déguife point.

MASCARILLE.

Si toy point en aller, chay paille ein cou te point.

LELIE.

Ton jargon Alemand eft furperflu , te dis-je ;
Car nous fommes d'accord , & fa bonté m'oblige :
J'ay tout ce que mes vœux luy pouvoient demander,
Et tu n'as pas fujet de rien aprehender.

MASCARILLE.

Si vous eftes d'accord par un bonheur extréme,
Je me deffuiffe donc, & redeviens moy-mefme.

A N-

A N D R E S.

Ce valet vous servoit avec beaucoup de feu ;
Mais je reviens à vous, demeurez quelque peu.

L E L I E.

Et bien, que diras-tu ?

M A S C A R I L L E.

Que j'ay l'ame ravie,
De voir d'un beau succez nostre peine suivie.

L E L I E.

Tu faignois à sortir de ton déguisement ?
Et ne pouvois me croire en cét évenement?

M A S C A R I L L E.

Comme je vous connois, j'estois dans l'épouvante,
Et treuve l'avanture aussi fort surprenante.

L E L I E.

Mais, confesse qu'enfin, c'est avoir fait beaucoup :
Au moins, j'ay reparé mes fautes à ce coup,
Et j'auray cét honneur d'avoir finy l'ouvrage.

M A S C A R I L L E.

Soit, vous aurez esté bien plus heureux que sage.

S C E N E   VI.

CELIE, MASCARILLE, LELIE, ANDRES.

A N D R E S.

N'est-ce pas-là l'objet dont vous m'avez parlé ?

L E L I E.

Ah! quel bonheur au mien pourroit estre égalé !

A N D R E S.

Il est vray , d'un bien-fait je vous suis redevable,
ble ,
Si je ne l'avoüois , je serois condamnable :
Mais enfin, ce bien-fait auroit trop de rigueur,
S'il falloit le payer aux dépens de mon cœur ;

Jugez

Jugez donc le tranſport où ſa beauté me jette,
Si je dois à ce prix vous acquiter ma dette ;
Vous eſtes genereux , vous ne le voudriez pas ,
Adieu pour quelques jours , retournons ſur nos pas.

MASCARILLE.

Je ris, & toutefois je n'en ay guere envie,
Vous voila bien d'accord, il vous donne Celie.
Et........ Vous m'entendez bien.

LELIE.

       C'eſt trop, je ne veux plus
Te demander pour moy de ſecours ſuperflus :
Je ſuis un chien, un traiſtre, un bourreau deteſtable
Indigne d'aucun ſoin, de rien faire incapable.
Va , ceſſe tes efforts pour un malencontreux ,
Qui ne ſçauroit ſouffrir que l'on le rende heureux !
Apres tant de malheurs, apres mon imprudence ,
Le treſpas me doit ſeul preſter ſon aſſiſtance.

MASCARILLE.

Voila le vray moyen d'achever ſon deſtin ;
Il ne luy manque plus que de mourir, enfin ,
Pour le couronnement de toutes ſes ſottiſes ;
Mais en vain ſon dépit pour ſes fautes commiſes ,
Luy fait licencier mes ſoins & mon appuy ;
Je veux , quoy qu'il en ſoit, le ſervir malgré luy ,
Et deſſus ſon lutin obtenir la victoire :
Plus l'obſtacle eſt puiſſant , plus on reçoit de gloire ,
Et les difficultez dont on eſt combattu ,
Sont les dames d'atour qui parent la vertu.

SCENE VII.

MASCARILLE, CELIE.

CELIE.

QUoyque tu vueilles dire, & que l'on ſe propoſe ,
De ce retardement j'attens fort peu de choſe ;

Ce

Ce qu'on voit de succez peut bien persuader,
Qu'ils ne sont pas encor fort prés de s'accorder,
Et je t'ay desja dit qu'un cœur comme le nostre,
Ne voudroit pas pour l'un faire injustice à l'autre,
Et que tres fortement, par de differents nœuds,
Je me trouve attachée au party de tous deux :
Si Lelie a pour luy l'amour & sa puissance,
Andres pour son partage a la reconnoissance,
Qui ne souffrira point que mes pensers secrets,
Consultent jamais rien contre ses interests :
Ouy, s'il ne peut avoir plus de place en mon ame,
Si le don de mon cœur ne couronne sa flâme,
Au moins, dois-je ce prix à ce qu'il fait pour moy,
De n'en choisir point d'autre au mépris de sa foy,
Et de faire à mes vœux autant de violence,
Que j'en fais aux desirs qu'il met en évidence :
Sur ces difficultez qu'oppose mon devoir,
Juge ce que tu peux te permettre d'espoir.

MASCARILLE.

Ce sont, à dire vray, de tres-fâcheux obstacles,
Et je ne sçay point l'art de faire des miracles :
Mais je vais employer mes efforts plus puissants,
Remuer terre & Ciel, m'y prendre de tout sens,
Pour tascher de trouver un biais salutaire ;
Et vous diray bien-tost ce qui se pourra faire.

SCENE VIII.

CELIE, HYPOLITE.

HYPOLITE.

DEpuis vostre sejour, les Dames de ces lieux,
Se plaignent justement des larcins de vos yeux ;
Si vous leur dérobez leurs conquestes plus bel-
les,
Et de tous leurs Amants faites des infidelles.

E

II

Il n'eſt guere de cœurs qui puiſſent échapper
Aux traits, dont à l'abord vous ſçavez les frapper ;
Et mille libertez à vos chaînes offertes,
Semblent vous enrichir chaque jour de nos pertes ?
Quant à moy, toutefois je ne me plaindrois pas ,
Du pouvoir abſolu de vos rares appas ;
Si lors que mes Amants ſont devenus les voſtres,
Un ſeul m'euſt conſolé de la perte des autres :
Mais qu'inhumainement vous me les oſtiez tous,
C'eſt un dur procedé, dont je me plains à vous.

CELIE.

Voila d'un air galand faire une raillerie ;
Mais, épargnez un peu celle qui vous en prie :
Vos yeux, vos propres yeux, ſe connoiſſent trop bien,
Pour pouvoir de ma part redouter jamais rien ;
Ils ſont fort aſſeurez du pouvoir de leurs charmes,
Et ne prendront jamais de pareilles allarmes.

HYPOLITE.

Pourtant, en ce diſcours je n'ay rien avancé,
Qui dans tous les eſprits ne ſoit desja paſſé ;
Et, ſans parler du reſte, on ſçait bien que Celie
A cauſé des deſirs à Leandre & Lelie.

CELIE.

Je croy, qu'eſtant tombez dans cét aveuglement ,
Vous vous conſoleriez de leur perte aiſément ,
Et trouveriez pour vous l'amant peu ſouhaitable,
Qui d'un ſi mauvais choix ſe trouveroit capable.

HYPOLITE.

Au contraire, j'agis d'un air tout different ,
Et trouve en vos beautez un merite ſi grand;
J'y voy tant de raiſons capables de deffendre
L'inconſtance de ceux qui s'en laiſſent ſurprendre,
Que je ne puis blâmer la nouveauté des feux ,
Dont envers moy Leandre a parjuré ſes vœux ;
Et le vay voir tantoſt, ſans haine & ſans colere,
Ramené ſous mes loix par le pouvoir d'un pere.

S C E-

S C E N E IX.

M A S C A R I L L E , C E L I E,
H Y P O L I T E.

M A S C A R I L L E.

GRande! grande nouvelle, & succez surprenant!
Que ma bouche vous vient annoncer maintenant.

C E L I E.

Qu'est-ce donc ?

M A S C A R I L L E.

Escoutez, voicy sans flatterie.....

C E L I E.

Quoy ?

M A S C A R I L L E.

La fin d'une vraye & pure Comedie ;
La vieille Egyptienne à l'heure mesme.....

C E L I E.

Et bien ?

M A S C A R I L L E.

Passoit dedans la place, & ne songeoit à rien ,
Alors qu'une autre vieille assez desfigurée ,
L'ayant de prés, au nez, long-temps consideré ;
Par un bruit enroüé de mots injurieux ,
A donné le signal d'un combat furieux :
Qui pour armes, pourtant, mousquets , dagues , ou
    fléches ,
Ne faisoit voir en l'air que quatre griffes seches ;
Dont ces deux combattans s'efforçoient d'arracher
Ce peu que sur leurs os les ans laissent de chair :
On n'entend que ces mots, chienne, louve, bagace ;
D'abord leurs scoffions ont volé par la place ,
Et laissant voir à nud deux testes sans cheveux ,
Ont rendu le combat risiblement affreux.

Andres, & Trufaldin, à l'éclat du murmure,
Ainſi que force monde, accourus d'advanture,
Ont, à les décharpir, eu de la peine aſſez,
Tant leurs eſprits eſtoient par la fureur pouſſez ;
Cependant que chacune apres cette tempeſte,
Songe à cacher aux yeux la honte de ſa teſte,
Et que l'on veut ſçavoir qui cauſoit cette humeur,
Celle qui la premiere avoit fait la rumeur,
Malgré la paſſion dont elle eſtoit emeuë,
Ayant ſur Trufaldin tenu long-temps la veuë,
C'eſt vous, ſi quelque erreur n'abuſe icy mes yeux,
Qu'on m'a dit qui viviez inconnu dans ces lieux,
A-t-elle dit tout haut, ô ! rencontre opportune !
Ouy, Seigneur Zanobio Ruberty, la fortune
Me fait vous réconnoiſtre, & dans le meſme inſtant,
Que pour voſtre intereſt je me tourmentois tant.
Lors que Naples vous vit quitter voſtre famille,
J'avois, vous le ſçavez, en mes mains voſtre fille,
Dont j'élevois l'enfance, & qui par mille traits
Faiſoit voir dés quatre ans ſa grace & ſes attraits ;
Celle que vous voyez, cette infame ſorciere,
Dedans noſtre maiſon ſe rendant familiere,
Me vola ce threſor. Helas ! de ce malheur
Voſtre femme, je croy, conçut tant de douleur,
Que cela ſervir fort pour avancer ſa vie :
Si bien qu'entre mes mains cette fille ravie,
Me faiſant redouter un reproche fâcheux,
Je vous fis annoncer la mort de toutes deux :
Mais il faut maintenant, puiſque je l'ay connuë,
Qu'elle faſſe ſçavoir ce qu'elle eſt devenuë.
Au nom de Zanobio Ruberty, que ſa voix
Pendant tout ce recit repetoit pluſieurs fois ;
Andres, ayant changé quelque temps de viſage,
A Trufaldin ſurpris, a tenu ce langage.
Quoy donc ! le Ciel me fait trouver heureuſement,
Celuy que juſqu'icy j'ay cherché vainement !

Et

Et que j'avois pû voir, sans pourtant reconnoistre
La source de mon sang, & l'auteur de mon estre !
Ouy, mon pere, je suis Horace vostre fils,
D'Albert qui me gardoit les jours estant finis,
Me sentant naistre au cœur d'autres inquietudes,
Je sortis de Bologne, & quittant mes estudes,
Portay durant six ans mes pas en divers lieux,
Selon que me poussoit un desir curieux;
Pourtant apres ce temps, une secrette envie
Me pressa de revoir les miens, & ma patrie;
Mais dans Naples, helas ! je ne vous trouvay plus,
Et n'y sceus vostre sort que par des bruits confus :
Si bien, qu'à vostre queste ayant perdu mes peines,
Venise pour un temps borna mes courses vaines;
Et j'ay vescu depuis, sans que de ma maison,
J'eusse d'autres clartez que d'en sçavoir le nom.
Je vous laisse à juger, si pendant ces affaires
Trufaldin ressentoit des transports ordinaires,
Enfin, pour retrancher ce que plus à loisir
Vous aurez le moyen de vous faire éclaircir,
Par la confession de vostre Egyptienne,
Trufaldin maintenant vous reconnoist pour sienne,
Andres est vostre frere, & comme de sa sœur
Il ne peut plus songer à se voir possesseur,
Une obligation qu'il pretend reconnoistre,
A fait qu'il vous obtient pour épouse à mon maistre;
Dont le pere témoin de tout l'evenement,
Donne à cet himenée un plein consentement;
Et pour mettre une joye entiere en sa famille,
Pour le nouvel Horace a proposé sa fille.
Voyez que d'incidens à la fois enfantez.

C E L I E.

Je demeure immobile à tant de nouveautez.

M A S C A R I L L E.

Tous viennent sur mes pas, hors les deux champien-
     nes,

E 3   Qui

Qui du combat encor remettent leurs personnes :
Leandre est de la troupe , & vostre pere aussi :
Moy , je vais advertir mon maistre de cecy ;
Et que lors qu'à ses vœux on croit le plus d'obstacle,
Le Ciel en sa faveur produit comme un miracle.

HYPOLITE.

Un tel ravissement rend mes esprits confus,
Que pour mon propre sort je n'en aurois pas plus.
Mais les voicy venir.

SCENE X.

TRUFALDIN, ANSELME, PANDOLFE, ANDRES, CELIE, HYPOLITE.

TRUFALDIN.

Ah! ma fille.

CELIE.

Ah ! mon pere.

TRUFALDIN.

Sçais-tu desja comment le Ciel nous est prospere?

CELIE.

Je viens d'entendre icy ce succez merveilleux.

HYPOLITE　　à *Leandre*.

En vain vous parleriez pour excuser vos feux ,
Si j'ay devant les yeux ce que vous pouvez dire.

LEANDRE.

Un genereux pardon est ce que je desire ;
Mais j'atteste les Cieux , qu'en ce retour soudain
Mon pere fait bien moins que mon propre dessein.

ANDRES　　à *Celie*.

Qui l'auroit jamais crû que cette ardeur si pure
Pût estre condamnée un jour par la nature ?
Toutefois, tant d'honneur la sceut tousjours regir,

Qu'en

Qu'en y changeant fort peu je puis la retenir.
                C E L I E.
Pour moy , je me blafmois , & croyois faire faute ,
Quand je n'avois pour vous qu'une eftime tres haute;
Je ne pouvois fçavoir quel obftacle puiffant
M'arreftoit fur un pas fi doux & fi gliffant,
Et détournoit mon cœur de l'adveu d'une flâme ,
Que mes fens s'efforçoient d'introduire en mon a-
    me.
            T R U F A L D I N.
Mais en te recouvrant, que diras-tu de moy ?
Si je fonge auffi-toft à me priver de toy ?
Et t'engage à fon fils fous les loix d'himenée ?
                C E L I E.
Que de vous maintenant dépend ma deftinée.

            S C E N E. XI.

TRUFALDIN, MASCARILLE, LELIE,
  ANSELME, PANDOLFE, CELIE,
      ANDRES , HYPOLITE,
        LEANDRE.

            M A S C A R I L L E.
V Oyons fi voftre diable aura bien le pouvoir
    De détruire à ce coup un fi folide efpoir ;
Et fi contre l'excez du bien qui vous arive ,
Vous armerez encor voftre imaginative.
Par un coup impreveu des deftins les plus doux,
Vos vœux font couronnez , & Celie eft à vous.
                L E L I E.
Croiray-je que du Ciel la puiffance abfoluë......
            T R U F A L D I N.
Ouy , mon gendre , il eft vray.
        P A N D O L F E.
                        La chofe eft refoluë.
                            A N-

ANDRES.

Je m'acquitte par là de ce que je vous dois.

LELIE *à Mascarille.*

Il faut que je t'embraffe & mille & mille fois,
Dans cette joye......

MASCARILLE.

Ahi, ahi, doucement, je vous prie,
Il m'a prefque eftouffé, je crains fort pour Celic,
Si vous la careffez avec tant de tranfport :
De vos embraffemens on fe pafferoit fort.

TRUFALDIN *à Lelie.*

Vous fçavez le bonheur que le Ciel me renvoye ;
Mais puis qu'un mefme jour nous met tous dans la
    joye,
Ne nous feparons point qu'il ne foit terminé,
Et que fon pere auffi nous foit vifte amené.

MASCARILLE.

Vous voilà tous pourveus ; n'eft-il point quelque
    fille,
Qui pût accommoder le pauvre Mafcarille ;
A voir chacun fe joindre à fa chacune icy,
J'ay des demangeaifons de mariage auffi.

ANSELME.

J'ay ton fait.

MASCARILLE.

Allons donc ; & que les Cieux profperes
Nous donnent des enfans dont nous foyons les
    peres.

F I N.

www.ingramcontent.com/pod-product-compliance
Lightning Source LLC
LaVergne TN
LVHW021746170726
843503LV00004B/1755